# BRUGES

**Monuments et musées
Promenades et
découverte de la ville**

**Promenades autour
de Bruges
(Damme, Zeebrugge)**

casterman
# LE GUIDE

*Série Patrimoine des Villes*

## Les auteurs

### *Pierre Loze*
Historien d'art; a publié notamment *Belgique-Art nouveau* (éd. Eiffel, 1991) et a collaboré au guide *Wallonie* (éd. Casterman, 1994).

### *Yves Robert*
Historien d'art, rédacteur en chef des *Nouvelles du patrimoine*.
A collaboré au guide *Wallonie* (éd. Casterman, 1994).

### *Gian Giuseppe Simeone*
Historien d'art; il collabore à la revue *les Nouvelles du patrimoine*.
A collaboré au guide *Wallonie* (éd. Casterman, 1994).

### *Daniel Fouss*
Photographe.

Avec la collaboration de Martine Riboux.

## Collaborateurs

*Marie Vanesse* : maquette.
*Anne Boulord* : correction.
*Etudes et cartographie* (Lille) : cartes et plans.
*Ivan Evrard* : recherches documentaires.

## Remerciements

Ville de Bruges

Direction des musées de la Ville de Bruges

Fédération touristique de la Flandre occidentale.

Copyright © 1995 Editions Casterman.
ISBN 2-203-61701-2

Bruges : le
canal en hiver
(Heersstraat).

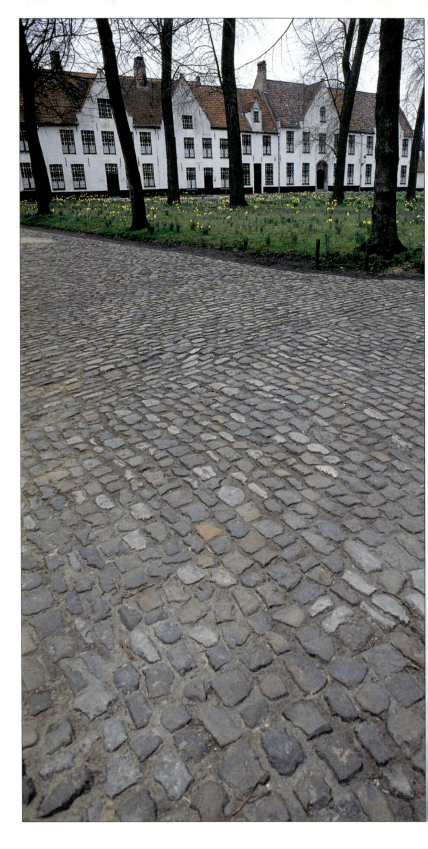

# SOMMAIRE

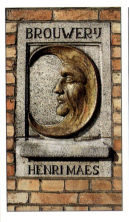

### Rédaction des textes

Les textes non affectés aux différents auteurs ont été rédigés par les éditions Casterman.

**Pierre Loze**
*Bruges, depuis les origines,*
*p. 6 à 17.*

**Yves Robert et**
**Gian Giuseppe Simeone**
*A la découverte du patrimoine de Bruges, p. 36 à 61 et Promenades à Bruges et dans les environs, p. 64 à 71.*

Ci-contre : Plaque à l'entrée de la brasserie "Staffe-Hendrik".

En bordure du lac d'Amour.

Le beffroi, vu depuis le Grœnerei.

Page de gauche :
Bruges, le béguinage.

# Bruges

*Depuis les origines, Bruges éveille la rêverie, et les événements dont elle fut le théâtre fournissent quelques symboles dont notre époque s'est emparée. Son histoire commence comme une légende. En ces temps reculés du V<sup>e</sup> siècle, la mer avait envahi les terres.*

*Elle était là qui battait furieusement lorsque les caprices du temps, quatre siècles plus tard, la firent reculer, laissant un sol fragile creusé de chenaux où l'eau remontait à chaque marée.*

*Le principal d'entre eux, le Zwin, allait s'élargissant vers la mer. Il était assez profond pour être navigable. C'était l'époque des invasions normandes. Quelques visiteurs arrivés par là se fixèrent aux abords d'une jetée ou "bryggja" et se fortifièrent. Tout autour vivaient les descendants des Morins et des Ménapiens, que César n'avait pas vraiment cherché à soumettre.*

*Ils étaient installés depuis toujours sur ces territoires d'accès difficile, hésitant entre mer et terre et se réfugiant avec leurs bêtes, comme des naufragés à chaque marée, sur les parties hautes que l'eau n'envahissait pas. Ils tiraient leur nom de Vlamingen de cette fuite ("vlame" en frison) à laquelle ils avaient été contraints plusieurs fois au cours des siècles, devant l'envahissement des eaux.*

*Mais ces régions ingrates et difficiles d'accès leur permettaient au moins d'être des paysans libres, alors que le féodalisme et le servage s'installaient partout ailleurs dans les anciennes colonies romaines. Malgré l'incertitude où ils vivaient, l'insécurité des chemins et des voies navigables, le commerce sembla reprendre vers la fin du IX<sup>e</sup> siècle, et l'endroit de cette petite jetée était propice aux échanges. Mais il manquait encore un seigneur à ces terres à peine regagnées sur les eaux. Le grand banditisme se chargea de leur en donner un. Redoutable guerroyeur contre les Normands, le comte Baudouin Bras de Fer dominait déjà le bassin septentrional de l'Escaut. La dynastie dont il se réclamait prétendait même, selon les chroniques, avoir combattu les démons et les géants. Il s'empara à Senlis de la belle et incestueuse Judith, fille de Charles le Chauve : veuve d'un roi anglo-saxon, Ethelwolf, ses relations avec son beau-fils l'avaient obligée à fuir l'Angleterre. L'ayant enlevée, Bras de Fer finit par obtenir du roi de France son consentement au mariage et, comme dot, il lui arracha ces terres inhospitalières, qui s'ajoutèrent à son domaine. Ainsi s'établirent les liens princiers qui unirent la Flandre à la France.*

Bras de Fer fit construire à proximité de cette jetée, au bout du Zwin, une forteresse imprenable qui affirmait bien haut ses prérogatives comtales et protégeait l'endroit contre d'autres bandits ou envahisseurs aussi peu scrupuleux que lui. Son fils Baudouin II soutint tantôt Charles le Simple contre Eudes, tantôt l'inverse pourvu que son domaine s'agrandisse et, ayant pour méthode l'assassinat, réussit à établir son contrôle entre le Zwin et la Somme. Ses successeurs persévérèrent dans cette voie et parvinrent à jeter les bases d'une souveraineté durable sur la Flandre, seul fief français que la monarchie n'allait jamais réussir à absorber.

De Baudouin V, Guillaume de Poitiers écrivait : "Les rois le craignaient et le respectaient, ducs, marquis, évêques tremblaient devant sa puissance". Les sentiments des pêcheurs, éleveurs, agriculteurs sur lesquels il régnait, tout comme ceux des marchands des villes naissantes ne devaient pas être bien différents. Eternels rançonneurs, grands propriétaires, seigneurs de nombreux chevaliers, avoués d'abbayes, détenteurs de droits régaliens, hauts justiciers, les comtes disposaient partout de châteaux (à Bruges, Gand, Ypres, Furnes, Bourbourg, Cassel, Lille, Douai, Arras), où étaient engrangés les produits, revenus, rentes et cens de chaque district administré par un notaire. Ces richesses furent centralisées à Bruges, sous la surveillance de leur chancelier. En effet, alors que ces prédécesseurs avaient une prédilection particulière pour les régions romanes de Lille et Arras, Robert le Frison installa sa capitale à Bruges, dont le commerce était déjà important.

Dès les premières années du $XI^e$ siècle, les comtes étaient intervenus pour stimuler la lutte contre la mer dans ces terres neuves. Les corvées auxquelles les serfs étaient astreints dans les

régions de grandes propriétés furent remplacées par l'obligation d'entretenir les digues et les conduits pour l'évacuation des eaux. Les habitants s'organisèrent en associations qui prirent le nom de "wateringues", sous la surveillance des notaires ou de leurs ministrales. Un peuple d'agriculteurs libres se forma ainsi sur la côte et le long du bas Escaut, tandis que la servitude était la condition la plus répandue ailleurs. Cette situation attira des immigrants des régions voisines.

Les composantes étaient réunies pour que survienne un essor économique et qu'au XII$^e$ siècle les villes se développent à proximité des châteaux des comtes ; cet essor fut rapide pour Bruges très bien située entre la France, le Saint-Empire et l'Angleterre nouvellement conquise par Guillaume le Conquérant. La participation de nombreux colons d'origine flamande à l'expédition de 1066 assura des relations durables entre la Flandre et l'Angleterre, dont Bruges fut la principale bénéficiaire. Des commerçants flamands, wallons, allemands, frisons, anglo-saxons s'y rencontraient et un groupe de marchands de profession émergea de la population, augmenté par l'afflux de gens sans terre, hommes libres dont ils louaient les services. Les comtes étaient enclins à protéger ces marchands qui payaient le tonlieu au passage des rivières, aux gués, aux ponts, aux carrefours des routes, aux marchés. C'est par eux, d'autre part, que venaient les étoffes de soie, les épices, les pelleteries, les orfèvreries qui faisaient le luxe de la vie seigneuriale.

Bruges devint le débouché de marchandises qui arrivaient d'Italie et d'Europe centrale. C'est là qu'on centralisait et embarquait pour l'Angleterre les vins de France arrivés par l'Escaut, ceux d'Allemagne venus par le Rhin, les pierres sculptées de Tournai,

les épices, les draps d'or amenés par les Lombards ou les tissus de laine fabriqués dans le pays, et cette activité attirait de plus en plus le commerce européen venu par les routes. Les foires internationales apportaient de si grands avantages aux comtes qu'ils veillèrent à en garantir la sécurité. Ils s'efforcèrent aussi d'empêcher l'altération de la monnaie. Le développement économique fit disparaître les rudes pratiques des siècles précédents et les comtes de Flandre, de rançonneurs qu'ils étaient, devinrent les protecteurs du commerce et de l'industrie.

Dès la fin du XII$^e$ siècle, Philippe d'Alsace favorisa la création de l'avant-port de Damme (1180), rendue nécessaire par l'ensablement progressif du Zwin. Bruges allait devenir, pendant les XIII$^e$ et XIV$^e$ siècles, avec l'essor du trafic maritime et la disparition des foires en Champagne, le principal foyer commercial et financier du Moyen Age. C'est là que les pratiques boursières naquirent et trouvèrent leur nom et la ville fut le berceau du capitalisme et du libre-échangisme, dont notre société d'aujourd'hui se réclame. Tandis qu'à Venise les étrangers, confinés dans leurs "fondachi", étaient étroitement contrôlés et tenus de n'avoir de relations qu'avec les Vénitiens, Bruges leur laissait une totale liberté de commercer, de s'associer entre eux ou avec les gens du pays. Seule la vente au détail était réservée à ces derniers. Ils pouvaient acquérir des hôtels en ville, jouissaient de conditions avantageuses pour la location des caves, celliers ou entrepôts qui leur étaient nécessaires, et élisaient volontiers domicile à Bruges. Ainsi Bruges a-t-elle été reconnue, au XX$^e$ siècle par la Communauté européenne en cours de formation comme le symbole même de ce vers quoi elle tendait : dès 1949, le Collège d'Europe où elle forme ses élites y fut installé.

Au cours des XIII$^e$ et XIV$^e$ siècles l'industrie du drap, stimulée par l'importation de laines anglaises, devint une industrie à part entière, mobilisant quelques quatre à cinq mille ouvriers dépendants du marché de l'offre et de la demande sur lequel les drapiers, entrepreneurs capitalistes, avaient la haute main. Les tisserands et foulons étaient étroitement contrôlés afin que leur production soit de qualité irréprochable ; leurs ouvriers ne bénéficiaient d'aucun droit dans cette ville tenue par une oligarchie patricienne. Ces conditions devaient déboucher, à la fin du XIII$^e$ siècle, sur de sanglants conflits sociaux. Au même moment, cherchant à soumettre cette riche région à leur influence, les rois de France s'étaient appuyés sur la noblesse locale pour faire prévaloir, lors des successions comtales, le choix de princes plus étroitement inféodés à leur suzeraineté.

Lorsque Philippe le Bel mit purement et simplement la main sur la Flandre, en 1297, les révoltes sociales qui couvaient et le rejet de la tutelle française coïncidèrent, créant un climat explosif qui aboutit, en 1302, aux Mâtines brugeoises. A l'aube du 18 mai 1302, le parti populaire des Klauwaerts (Griffes du Lion) se déchaîna : les échevins Léliaerts (du parti du Lys, favorable au roi de France) furent assassinés et, aux cris de "Schild en vriend" ("Bouclier et ami"), un grand nombre de chevaliers français qui ne pouvaient répéter ces mots furent tués. Toutes les villes flamandes se soulevèrent alors contre les patriciens et Philippe le Bel, qui envoya ses chevaliers mater la révolte. Le choc avec l'armée populaire des Klauwaerts, encadrés par les féodaux en révolte contre Philippe le Bel eut lieu près de Courtrai, sur un terrain marécageux fort défavorable aux chevaliers. Ceux-ci perdirent l'avantage et furent massacrés par la piétaille, qui ne fit aucun prisonnier.

A l'alliance des comtes et de l'oligarchie bourgeoise succédait celle de la noblesse, inquiétée par la puissance grandissante du suzerain et du peuple défendant son droit au mieux-être. La Flandre régionalisée d'aujourd'hui a voulu voir, dans la bataille des Eperons d'or où les Français laissèrent leurs armures et dont les fleurons furent longtemps exposés comme trophées, un symbole de ses luttes sociales et culturelles et une préfiguration des affrontements qui opposèrent plus tard, aux XIX$^e$ et XX$^e$ siècles, la bourgeoisie industrielle flamande demeurée francophone, au peuple en quête de meilleures conditions de travail et d'existence.

Bruges ne tarda pas évidemment à revenir à l'ancien ordre des choses mais, une fois de plus, c'est elle qui fut le point de départ et le centre d'un mouvement transformateur qui, avec le temps, devait s'imposer.

Au XV$^e$ siècle, sous les ducs de Bourgogne, Bruges atteignit son apogée. Son éclat éblouit tous ses visiteurs, son luxe s'étala en toute occasion, elle rivalisa avec Florence sur le plan artistique. Les Français qui accompagnaient le dauphin Louis en visite avec le duc furent émerveillés par la pompe déployée par les marchands étrangers, par la décoration des maisons et les illuminations. Douze ans plus tard, lorsque Charles le Téméraire épousa en 1468 Marguerite d'York, les rues furent tendues de draps d'or, de soies, de tapisseries. Le cortège princier qui accompagnait le couple s'arrêta dix fois de la porte Sainte-Croix au palais ducal, pour admirer des tableaux vivants inspirés de l'histoire sainte. A sa suite, on voyait marcher les diverses nations représentées par des cavaliers vêtus de velours cramoisi ou de drap vermeil, escortés de cinquante porteurs de torches à pied pour les Vénitiens, de soixante porteurs de torches, de quatre pages et de dix marchands pour les Florentins, de soixante porteurs de torches, de trente-quatre marchands à cheval en pourpoint de satin noir et de vingt-quatre pages pour les Espagnols, de cent huit marchands à cheval parés de violet et de six pages pour les Osterlins de la Hanse.

Parmi la colonie étrangère à Bruges, il y avait encore les Catalans, les Biscayens, les Portugais, les Bretons, les Milanais, les Pisans, les Gênois et les Lucquois, tous également organisés en nations et possédant leur consul. Les Italiens étaient incontestablement les plus habiles dans les opérations commerciales et

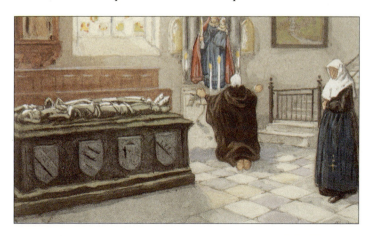

*financières internationales. Mais un quart de la population brugeoise vivait du négoce du gros, du commerce de l'argent ou du courtage. En 1457, on dénombrait dans le port de l'Ecluse trois "galées" de Venise, une "hulque" du Portugal, deux caravelles espagnoles, six bateaux d'Ecosse, quarante-deux caravelles de Bretagne, douze vaisseaux de Hambourg sans compter quatre baleinières et une trentaine de "buisses" servant à la pêche au hareng. Les quais voyaient débarquer des produits exotiques, qui de là se répandaient dans le nord de l'Europe : peaux des régions de la mer Noire, vin et huile d'Italie ou de Grèce, oranges, grenades, aloès, citrons d'Espagne, eaux de rose de Damas, confitures, étoffes et tapis d'Orient, nattes, vaisselle de Valence, cuirs de Cordoue, brocards et soies d'Italie. Les arrivages d'animaux (singes, lions, perroquets) montrent que Bruges se trouvait en contact avec les plus lointains comptoirs portugais de l'Afrique. L'ivoire et les diamants faisaient aussi partie des marchandises qui s'échangeaient.*

*"Dans cette partie du pays les gens vivent dans un luxe exceptionnel, ils mangent tout ce qu'ils désirent et s'adonnent à toutes sortes de luxes", écrivait un voyageur espagnol en 1438. "Les hommes et les femmes vont ensemble au bain, ils trouvent cela tout aussi naturel que nous d'aller ensemble à l'église. Sans doute le dieu du luxe a ici grand pouvoir, mais il n'y a pas de place pour des pauvres gens, qui y sont d'ailleurs mal reçus". Tant qu'à chercher des préfigurations dans l'histoire de Bruges, l'Europe moderne en trouve une dans cette observation, qui ne manque pas de poids et mérite réflexion.*

*Mais comme pour Venise, c'est au moment où sa vitalité économique s'affaiblit qu'elle fait étalage des splendeurs de*

l'art et du luxe. A l'apparition d'industries textiles rivales en Italie et en Hollande dès la fin du XIII$^e$ siècle et en Angleterre au milieu du XIV$^e$ siècle, Bruges réagit par la fabrication de produits plus raffinés, tissus de luxe, confections, tapisseries, peintures et autres miniatures qui sont très recherchés. Elle produit aussi du drap et de la toile de moindre qualité, qu'elle exporte en grande quantité vers le nord.

Le déclin du commerce hanséatique au cours du XV$^e$ siècle, les mesures prises à l'encontre de l'Angleterre qui éloignent les marchands anglais déjà maîtres des mers, vont ralentir son commerce avec le nord. Ainsi va-t-elle progressivement perdre aussi sa clientèle méridionale, qu'elle ne pouvait retenir qu'à condition de rester le grand entrepôt des pays du Nord, le point de rencontre entre monde roman et monde germanique. L'absence d'une marine qui eût pu prendre la relève et participer au commerce international, le repli des courtiers brugeois sur des règlements minutieux tout à leur avantage mais dépassés et enfin l'ensablement du Zwin qui détourna le gros trafic international vers Anvers, achevèrent de consommer son déclin. A la fin du siècle, près de cinq mille maisons étaient vides et Bruges n'était plus que l'ombre d'elle-même. Elle entra alors dans une longue et bienheureuse léthargie.

Les richesses accumulées étaient telles que la ville pouvait encore tenir son rang à côté d'autres villes des Pays-Bas. Au XVI$^e$ siècle elle devint même un centre intellectuel, mais les troubles religieux et la Contre-Réforme éloignèrent vers la Hollande ses plus brillants penseurs. Jusqu'à la fin de l'Ancien Régime, elle participa au mouvement culturel général sans s'y distinguer particulièrement, se marginalisant lentement. A la fin du XVIII$^e$ siècle, des artistes comme le peintre-décorateur Garemyn et, au début du XIX$^e$ siècle, le

*Grand Prix de Rome et pâle élève de David, Odevaere, illustrent bien le provincialisme qui atteint la culture brugeoise, devenue un écho lointain et naïf des grands mouvements artistiques d'alors. Rien ne viendra interrompre cette décadence, aggravée par une misère populaire qui culmine en 1846-1848.*

*Au cours du XIX<sup>e</sup> siècle les esthètes anglais, nourris d'images idéales du Moyen Age, des idées de Pugin, Ruskin et Morris, la redécouvrent comme une communiante confite en religion, pure et vierge, issue d'une époque qui les fait rêver. Ils s'y établissent volontiers et les habitants accueillent avec leur naïve gentillesse ces touristes exaltés, qui se découvrent une âme de prince charmant pour réveiller la belle endormie. Dans son curieux roman* **Bruges-la-Morte**, *le poète Georges Rodenbach a dressé un portrait de cette ville qu'il identifie à une jeune femme morte dans la fleur de l'âge et dont quelques mèches de cheveux dorés conservées sous un globe de verre commémorent l'éclatante beauté, trop vite éteinte. Le roman haussa la célébrité de Bruges au rang de Venise à laquelle elle fut comparée et fonda sa réputation touristique. Des peintres comme Fernand Khnopff, Xavier Mellery, Henri le Sidaner ou Frank Brangwyn alimentèrent, eux aussi, cette imagerie symboliste et morbide. L'engouement que suscita Bruges parmi les élites du XIX<sup>e</sup> siècle l'a cependant mise à l'abri des modernisations que connaissaient alors beaucoup de villes belges, même si le mouvement néogothique qui en résulta est à l'origine de bien des restaurations ou reconstructions abusives que l'on peut déplorer aujourd'hui.*

*La création d'un canal qui la reliait à la mer, achevé à la veille de la Première Guerre mondiale, l'aménagement du port de Zeebrugge, ralenti par la crise des années trente puis repris*

après la Seconde Guerre mondiale et le développement des activités portuaires et industrielles qui s'ensuivirent, ont à présent ravivé les joues pâles de la petite communiante qui, sous ses dehors demeurés purs et modestes, révèle des traits épicuriens dont ses visiteurs découvrent les charmes avec plaisir. Le plan de structure de Bruges, mis au point par l'architecte Jan Thanghe et le groupe Planning dans les années 1970, a permis depuis vingt-cinq ans une gestion intelligente du trafic touristique qui n'a cessé de croître : les canaux ont été assainis, grand nombre de rues ont été rendues piétonnières et les portes de la ville sont devenues plus avenantes, le trafic des autocars a été habilement contenu à l'extérieur, tout cela au profit de l'agrément de la promenade à pied dans la ville.

Certes aux plus beaux jours de l'année, lorsque l'afflux touristique est à son comble, la cohue des étrangers se livrant aux pratiques de la culture comme à une sorte de pèlerinage moderne offre un spectacle singulier. Mais ces pratiques ne valent-elles pas celles des marchands et financiers qui se bousculaient ici cinq siècles auparavant ? Fidèle à elle-même, Bruges accueille le tourisme comme elle accueillit autrefois le négoce et profite de cette manne venue des pays lointains, tandis qu'à quelques kilomètres de là son port, situé à Zeebrugge, s'efforce d'accueillir les bateaux du monde entier.

## Les écrivains et le mythe de Bruges

*La curiosité qu'éveille Bruges naît au début du XIX$^e$ siècle, avec le romantisme. Côté français, Chateaubriand et Hugo y sont bien sûr passés. Mais ce sont surtout les Anglais qui, après Waterloo, vont se prendre de passion pour cette ville dont le blocus continental leur interdisait l'accès depuis trop longtemps. William Wordsworth y réside en 1820 : "Bruges laisse une impression inoubliable" écrit-il. Il croit reconnaître dans les attitudes mêmes de ses habitants un lointain souvenir de son passé prestigieux : "Les vêtements, les gestes solennels, le maintien des Brugeois actuels correspondent parfaitement au faste majestueux des siècles passés". Dans ses écrits, Welby Pugin prône au même moment le retour au style gothique et suscite en Angleterre une passion très vive pour le Moyen Age. Une petite colonie anglaise se forme à Bruges : la vie y est moins chère qu'à Londres et surtout le climat spirituel tellement plus pur. Dès 1843, les souverains anglais la visitent. Henry Longfellow et Dante Gabrielle Rosetti lui consacrent des poèmes et William Morris, qui voudrait revenir aux artisanats et guildes du Moyen Age, y fait plusieurs séjours. Des architectes, des peintres-décorateurs ou encore des collectionneurs s'y installent. Robert Dennis Chantrell, Thomas Harper King ou William Brangwyn y entreprennent des restaurations de monuments qu'ils embellissent volontiers de peintures murales néogothiques. D'autres, comme John Steinmetz et James Waele, lèguent leur collection d'art à la ville ou dressent le premier catalogue du Musée de Bruges.*

*L'influence de ces Anglais sur les autorités communales qui deviendront plus attentives au patrimoine historique de la ville ou sur des hommes comme Jean-Baptiste de Béthune, fondateur de l'école de Saint-Luc, sera à l'origine d'un important et précoce effort de conservation, de restauration ou de reconstruction, qui a finalement donné son aspect homogène à la ville. En même temps, avec la mode préraphaélite et symboliste en peinture, un curieux mythe va naître autour de Bruges : "Ville fantôme, ville momie, à peu près conservée. Cela sent la mort, le Moyen Age, Venise... en noir", écrivait déjà Baudelaire. On vient s'enivrer de son silence et y admirer les cygnes : "Ce silence si vaste et si froid qu'on s'étonne de survivre soi-même au néant d'alentour / Et de ne pas céder à la mort qui délie" écrit Georges Rodenbach. "Bruges multipliant l'aube au défunt canal / Avec la promenade éparse de maints cygnes" fascine aussi Mallarmé. Quand ce n'est pas Ophélie qu'on croit voir dans les reflets de ses canaux, c'est l'image inversée de ce qu'elle fut autrefois que l'on devine "Cette ville n'avait-elle pas sombré ? Ne vois-tu pas / Comment d'après quelque mystérieuse loi / Elle s'éveille et s'éclaire dans sa forme inversée / Comme si la vie là-bas n'était pas si rare ?" écrit à son sujet Rainer Maria Rilke.*

*Fascination symboliste pour la mort, dont Bruges prise de langueurs serait une figure aimable et même désirable. Mais, affirme le mage Sâr Péladan, "Bruges est mal nommée la morte : la vraie étant celle de l'âme. Elle est mal dite la paisible car la vraie béguine est une passionnée, une fiancée de Monseigneur Jésus..." Ses rues désertes, ses béguines et ses carillons enchantent les poètes". "J'ai la nostalgie de Bruges et de ses cloches aux sons voilés" écrit Verlaine. Et Rilke encore : "Doucement s'avancent les ruelles / – pareilles à ces convalescentes qui s'en vont, / pensives – qu'y avait-il ici jadis ? [...] Que reste-t-il là haut ? Tout est silence / Seuls se détachent de la grappe des grains du doux raisin, / Le jeu du carillon suspendu dans les cieux." Et Camille Mauclair enfin : "Le silence de Bruges accueille, enveloppe, ouate l'âme qui s'y confie, il est amical, il offre le repos et la divine paix."*

*Dans la cohue de l'été le visiteur d'aujourd'hui découvrira plutôt Bruges telle qu'elle fut au Moyen Age, vivante et cosmopolite. Elle l'était encore jusqu'au XVIe siècle au début de sa décadence, telle que l'a décrite Marguerite Yourcenar dans l'Œuvre au noir : "Cette ville préoccupée de querelles de murs mitoyens, souffrant de son port ensablé comme un malade de la gravelle". L'opulence du XXe siècle a dissipé tous les miasmes. Mais en s'éloignant du centre pour flâner dans les rues désertes de la périphérie et de l'est de Bruges, ou en visitant une Bruges hivernale plus mélancolique et plus calme, on ne manquera pas de retrouver l'ambiance qui a inspiré à la culture du XIXe siècle cette singulière imagerie d'une **Bruges-la-Morte** dont le roman de Rodenbach a répandu la renommée à travers le monde.*

Les vignettes qui illustrent cette introduction sont de Henri Cassiers
(extraites de *le Charme de Bruges*, texte de Camille Mauclair, Librairie d'art-Piazza, 1943).

## Bruges, pour la finance

Une ville de commerce international telle que Bruges devait bien évidemment attirer les intermédiaires financiers et les pousser à perfectionner leurs services. Les échanges nécessitaient bien sûr des moyens de paiement adéquats et, dès qu'ils prirent plus d'ampleur, exigèrent peu à peu des possibilités de crédits. On peut penser en fait que si Bruges servit de creuset à l'éclosion de certaines activités financières, elle leur doit également une petite part de son essor.

Le premier service offert à Bruges aux marchands fut le change : la diversité des monnaies au Moyen Age l'imposait. Mais dès la seconde moitié du XIIIe siècle, les changeurs brugeois commencèrent à exécuter des opérations bancaires. Cette pratique était déjà fort répandue en Italie à la même époque, mais l'influence des Italiens ne fut pas déterminante. Les changeurs ont toujours disposé d'équipements bien adaptés à la sécurité des quantités importantes de liquidités. En outre, leur rôle dans les transactions commerciales leur avait acquis la confiance des marchands et des bourgeois, qui leur confièrent des sommes de plus en plus élevées. Ils se rendirent alors compte de ce qu'ils n'étaient pas tenus de garder en permanence la totalité des fonds qui leur étaient confiés. Ils investirent dans des entreprises commerciales et industrielles, offrirent à leurs clients fidèles des lignes de crédit. Avec l'augmentation du nombre de transactions, ils en vinrent à ne plus utiliser les paiements en espèce, mais à procéder au transfert écrit d'un compte à un autre. Comme ces transferts pouvaient s'effectuer d'un fonds à l'autre, ils mirent au point des systèmes de compensation similaires à ceux en vigueur de nos jours : la banque de dépôts et virements avait vu le jour.

Les changeurs, semble-t-il, appartenaient à de riches familles flamandes. Or, le domaine financier était largement sous la domination des Italiens. Leur arrivée à la fin du XIIIe siècle coïncide avec l'apparition de deux phénomènes liés à l'argent dans les villes flamandes. Le premier est le prêt sur gage. Celui-ci concernait les gens de condition modeste, la petite consommation courante, et existait dans toute l'Europe. De l'usure illicite aux activités protégées par privilège, les Lombards (nom donné d'après l'origine des premiers prêteurs) avaient élaboré, entre les villes les plus importantes, un vaste réseau de solidarité pour se prémunir des banqueroutes. Le second phénomène est celui des lettres de change. Elles naissent avec la généralisation du commerce fixe. Celui-ci fonctionnait à partir d'une maison-mère qui créait des succursales sur les principaux marchés. Les informations comme les divers ordres d'achat et de vente circulaient par correspondance. Les transferts d'argent se firent petit à petit de la même manière, par lettres de change. Les marchands-financiers italiens firent de Bruges la seconde place financière européenne après leur propre pays. On vint de toute l'Europe négocier des lettres de change à Bruges. Cela se faisait sur la place qui abritait les nations gênoise, vénitienne et florentine. Cette place prit rapidement le nom d'une famille qui y exploitait une auberge, la famille Van den Beurse. La Beursplein donna elle-même son nom au centre financier d'Anvers, puis d'Amsterdam et de Londres : l'institution boursière se répandit à travers le monde. Les marchands-financiers italiens s'étaient spécialisés dans la connaissance des fluctuations du marché et parvenaient à spéculer sur les lettres de change. Ils utilisaient même parfois le change sec, une lettre de change purement spéculative, ne facilitant aucune transaction commerciale.

Les Italiens brassaient des capitaux immenses à Bruges, qu'ils réinvestissaient également tous azimuts, mais ils n'étaient pas à l'abri de la faillite. Proches du pouvoir politique, ils servaient fréquemment de bailleurs de fonds aux princes en mal de ressources. Ainsi le représentant à Bruges des Médicis, Tommaso Portinari, fut démis de ses fonctions en 1480 après que des pertes faramineuses eurent été découvertes : il avait financé dans une large mesure les campagnes militaires de Charles le Téméraire qui laissa une dette considérable à sa mort, en 1477. Formant un groupe homogène et xénophobe, les Italiens vivaient à l'écart dans un luxe incomparable. Le même Portinari installa en 1466 le siège de sa succursale dans le célèbre palais Hof Bladelin, témoin de la splendeur de la cour de Bourgogne.

Dès 1510, le déclin de Bruges s'amorçant, les activités financières désertèrent lentement ses places et marchés. Anvers était capable d'assumer elle-même les fonctions nécessaires aux transactions commerciales. Seuls devaient demeurer à Bruges de petits marchands-banquiers offrant des possibilités de crédit pour le commerce régional et quelques usuriers bientôt remplacés par des institutions publiques.

*Boîte d'étalonnage de monnaies (1658).*
*(Bruges, musée Gruuthuse)*

## B r u g e s ,   g r â c e   a u   c o m m e r c e

Il va de soi que le prestigieux patrimoine de Bruges n'eût rien été sans la gloire commerciale de la ville aux XIVe et XVe siècles. Une gloire exceptionnelle, qui a nourri bien des mythes au cours des siècles qui suivirent. En réalité, la gloire comme le déclin de Bruges trouvent leur explication dans des circonstances bien précises, souvent fort éloignées des idées reçues.

Au XIIIe siècle, Bruges est une étape, le maillon d'une chaîne qui traverse l'Europe par voie terrestre de l'Italie vers l'Angleterre et dont les foires de Champagne sont le point d'ancrage. Certes, les marchands italiens ont pu juger de l'excellente qualité du drap flamand lors de ces foires. Mais il est abusif de prétendre que ce seul produit les a amenés à élire Bruges comme centre de leurs activités, à l'aube du XIVe siècle. En effet, il s'agit là du résultat d'un ensemble de faits.

Le premier est le passage du transport terrestre au transport maritime. Il s'explique d'abord par l'insécurité des routes pendant la guerre de Cent Ans, ensuite par la plus grande capacité des galères et leur rapidité par rapport aux chariots. Bruges dispose d'infrastructures portuaires efficaces, mais il faudra éviter d'accorder trop de poids à cet élément : l'avant-port de Damme obligeait déjà les grands navires à rompre charge. D'autre part, Bruges est un centre de l'industrie textile et le réputé drap de laine flamand lui est un atout appréciable. Mais à nouveau, ce ne sont ni sa qualité extraordinaire ni un quelconque rôle international de Bruges sur ce marché qui détermineront l'attrait qu'exerça le secteur textile sur les trafiquants européens. C'est surtout l'excellence des méthodes de production, ainsi que la présence concentrée en Flandre d'une main-d'œuvre extrêmement qualifiée, qui permirent le développement d'un système commercial européen centré sur la ville, elle-même cœur du marché intérieur flamand. En effet, va arriver à Bruges une série de matières premières venues de toutes les régions moins industrielles d'Europe (laine d'Angleterre, fourrures d'Europe centrale, bois et goudron de Scandinavie). Ces matières alimentent l'industrie flamande, qui les remet sur le marché après transformation en produits finis (draps, manteaux et cols, meubles et embarcations). Enfin, cette activité industrielle entretient une clientèle aisée pour les produits de luxe importés d'Orient par les Ita-

Simon Bening, *le Déchargement et la vente du vin au moyen d'une grue à Bruges* (vers 1500). (Munich, Bayerische Staatbibliotek)

liens, qui amènent également des produits de Grèce et de la péninsule ibérique. Cette convergence sans précédent fait donc rapidement de Bruges la capitale d'un nouveau commerce, basé sur les établissements fixes. Les commerçants, auparavant itinérants, travaillent désormais par correspondance avec des associés installés dans les autres villes marchandes. A Bruges, les "nations" sont l'archétype de ces établissements fixes. Il s'agit d'organisations regroupant des représentants commerciaux de même origine. La ville accordait à ces nations les privilèges les plus larges : ainsi, la possibilité de régler des litiges entre deux marchands du même groupe. Cette grande souplesse de la législation brugeoise devait également favoriser l'essor de la ville. En 1322, la première nation, celle des marchands vénitiens, est créée à Bruges. Au début du XVe siècle, on en compte douze dont la Hanse, la Catalogne, la Castille, Gênes et Florence. Ces organisations firent construire de somptueuses demeures qui se regroupèrent autour de deux places dans la ville : la Beursplein avec les nations gênoise, vénitienne, florentine et catalane ainsi que la fameuse auberge Van den Beurse, et l'Oosterlingenplein avec le markt et les halles où se rencontraient les marchands de la Hanse.

L'importance et le nombre des échanges nécessitèrent bientôt le développement de nouveaux services, tels les mécanismes bancaires de crédit et le courtage. Celui-ci était principalement, voire exclusivement l'affaire des Flamands eux-mêmes. Il consistait en une représentation auprès des autres parties lors de négociations, ou auprès des autorités de la ville en cas de litige. Il conférait un caractère officiel aux transactions et permettait la tenue de comptes précis. Il s'agit là de ce qui fut appelé le commerce passif des marchands flamands. Ceux-ci s'assurèrent également une place dans le commerce actif. Ils investissaient les capitaux amassés dans des activités d'armateurs, affrétaient des navires pour aller eux-mêmes chercher des produits rares en Afrique occidentale (ivoire, métaux...) ou ailleurs. Ils participaient même à la production de matières premières (plantation de cannes à sucre à Madère, exploitations lainières en Espagne...).

Cependant, la fin du XVe siècle vit le déclin de la ville s'accélérer de manière brutale. Quelques causes principales de cette évolution sont à souligner.

D'abord, la concurrence que livrent à la Flandre de nouveaux lieux de production, comme l'Angleterre, dans le domaine textile. De nouvelles places d'échange émergent, comme Anvers, elle-même fréquentée par de nombreux marchands brugeois. Ceci est en partie dû à la détérioration des conditions de navigation dans le Zwin, mais il semble surtout que les autorités brugeoises avaient asphyxié le commerce par un ensemble de contraintes, auxquelles s'ajoutèrent les mesures protectionnistes prises face à la concurrence.

L'évolution politique lors de la crise de 1482 à 1494 précipita irrémédiablement ce déclin. Au XVIe siècle, Bruges conserve un rôle clef sur le marché des laines espagnoles, les richesses accumulées favorisent toujours l'activité bancaire et le développement artistique. Mais le « miracle » brugeois s'éteignait bel et bien au fur et à mesure qu'Anvers voyait s'illuminer les feux de son apogée.

## Bruges, face à la mer

Depuis toujours, semble-t-il, les Brugeois entretiennent un rapport privilégié, bien qu'ambigu, avec la mer. Des fouilles, menées en 1899 et après, ont permis d'exhumer une épave de navire romain du IIe siècle de notre ère. Elles ont également montré que les colons de l'époque vivaient directement de la mer, par la production et le commerce du sel. Mais nous savons également que ces données furent totalement bouleversées par de lents processus d'allées et venues de la mer : les transgressions marines. Tout le littoral de Flandre devait être touché par ce phénomène à trois reprises : ce sont les transgressions dunkerkiennes. La première eut lieu au IIe siècle avant J.-C. au Ier siècle après J.-C. La deuxième a lieu aux VIIe et VIIIe siècles de notre ère. Elle fut particulièrement importante pour la cité à naître, puisqu'elle creusa une baie et amena la mer à l'intérieur des terres, jusqu'à l'endroit où des navigateurs venus du nord établirent un premier comptoir à l'origine de la ville. Suit une période de retrait des eaux ou régression marine, la régression carolingienne, qui affecte peu la jeune baie appelée Sincfal. La troisième transgression dunkerkienne se produit aux Xe et XIe siècles. Beaucoup moins importante que les précédentes, elle provoque de fortes inondations dans les zones creusées par les deux premières transgressions. Vers 1134, les eaux de la troisième transgression sont soulevées par une violente tempête qui les projette le long des digues bâties lors de la régression. Un bras de mer s'enfonce alors à nouveau dans le Sincfal, presque jusqu'à Bruges : c'est le Zwin.

Peu avant cet événement, l'homme avait reconquis des terres sur la mer et les avait protégées à l'aide de digues. C'est la première d'une longue série d'actions que les habitants de la région mèneront au cours d'un combat toujours renouvelé tantôt pour des terres, tantôt pour la mer. Un des

drames de l'histoire de Bruges s'explique par le fréquent décalage entre l'effet escompté et le résultat réel de ces tentatives de dominer les éléments.

Même si Bruges n'est déjà plus en contact direct avec la mer au XIe siècle, si dès la fin du XIIe siècle l'avant-port de Damme doit déjà être fondé, ce n'est réellement qu'au XIVe siècle que le problème de l'ensablement du Zwin devient préoccupant. En effet, les bancs de sable rendent la navigation de plus en plus dangereuse et les autorités de la ville doivent organiser un service de pilotage, ainsi que le placement de bouées pour diriger les marins dans les chenaux. Au début, vers 1350, de la généralisation du pilotage, on fit appel à quelques marins et pêcheurs brugeois expérimentés. Mais la difficulté de la tâche et l'intérêt économique du service obligèrent à réglementer la profession de plus en plus sévèrement jusqu'à la formation, en 1459, d'un corps assermenté au privilège strictement réservé. Dès 1425, des bouées sont implantées, mais leur réseau, étoffé pendant tout le XVe siècle, est complété par des signaux fixes : les phares de Blankenberge et de Heist, par exemple.

Déjà à la toute fin du XIIIe siècle, les édiles brugeois doivent procéder au dragage du canal Bruges-Damme ou Reie. Le développement de bateaux spécialisés se poursuivit jusqu'au XVIe siècle et permit de dégager les canaux intérieurs ainsi que certains bras du Zwin. Ces opérations étaient souvent accompagnées de travaux de grande envergure : élargissement, approfondissement et rectification des canaux. Au XVIe siècle, le Zwin a pris une véritable allure de canal entre Damme et Sluis, tant la main de l'homme l'a travaillé. Au milieu du XIVe siècle, les responsables du port de Bruges se lancent dans un jeu délicat d'irrigation et de drainage, afin de contrecarrer l'ensablement du Zwin. Entre 1350 et 1354, la construction d'un nouveau

Pieter Pourbus, partie droite du *Tryptique des marchands de poisson brugeois* (1576). (Bruxelles, Musées royaux des Beaux-Arts de Belgique)

canal et de nouvelles écluses à Damme autour d'un marais, le Zeuge, devait créer un bassin de retenue qui stockerait l'eau à marée haute pour la lâcher à marée basse et emporter le sable déposé. L'eau retenue n'était pas suffisante et il fallut ouvrir l'entièreté du polder du Zeuge. Effort vain puisqu'un texte de 1564 relate la fermeture du Zeuge. Un bras de mer près de Kadzand, le Zwarte Gat, fermé et drainé en 1422-1425 (de crainte qu'il n'absorbe toute l'eau du Zwin), fut rouvert en 1473 sur avis d'une commission, pour permettre à la mer haute de contourner Kadzand et d'alimenter le Zwin par l'arrière, au reflux. On dut le refermer en 1486 car il drainait le Zwin. En 1500, Philippe le Beau accorda la permission de creuser le canal d'Oostburg, entre le Zwin et l'Escaut occidental et près de l'île de Biervliet. En effet, une différence de deux heures existait entre les marées à ces deux endroits, et comme l'eau montait encore dans l'Escaut quand elle descendait dans le Zwin, les joindre par un canal augmenterait le flux dans le second à marée basse. En 1509, des travaux devant achever la fermeture du Zwarte Gat avant l'ouverture du nouveau canal sont réduits à néant par une tempête. Ce ne fut donc qu'en 1516 que le projet aboutit. Mais les effets attendus ne se produisirent pas et le canal d'Oostburg lui-même connut l'ensablement.

En 1548, après l'examen de nombreux plans (dont l'un ressemblait de près au projet de Zeebrugge, quatre siècles plus tard), il fut décidé de procéder à l'approfondissement du Zwin à Sluis ainsi qu'au creusement d'un nouveau canal Damme-Sluis, le Veerse Vaart. Les travaux furent achevés entre 1560 et 1564. Une certaine reprise du trafic de la laine espagnole et le retour de la laine anglaise en 1558 rendirent à Bruges l'espoir d'une gloire nouvelle : en témoigne le plan que Marcus Gerards réalisa de la ville en 1562. Mais le canal allait rapidement se combler et en 1571, les digues devaient subir de graves dégâts lors d'une tempête. La guerre de Quatre-Vingts Ans entre les Pays-Bas du nord et les Pays-Bas espagnols précipita l'abandon du Veerse Vaart.

A la fin du siècle, il fallut se rendre à l'évidence : jamais le Zwin ne serait rouvert. Les moyens faisaient d'ailleurs cruellement défaut, vu le développement des ports concurrents d'Anvers puis d'Amsterdam. Au XVIIe siècle, quelques tentatives de rendre à Bruges un accès à la mer, dont le canal Bruges-Ostende, permirent le retour à une prospérité timide. A vrai dire, tous ces efforts étaient-ils bien calculés ? Bien que la perte des accès à la mer ait assurément favorisé le déclin de Bruges, elle n'est absolument pas une cause suffisante. Les historiens ont prouvé que ce déclin fut accéléré par une quantité non négligeable d'autres facteurs. Mais il reste aux Brugeois d'avoir fait preuve d'une ténacité et d'une science peu communes, dans un combat unique en son genre de l'homme contre l'élément marin.

## Bruges, vers l'humanisme

Le rôle de Bruges dans la diffusion de l'humanisme dans le nord-ouest de l'Europe fut l'aboutissement d'un long chemin, au cours duquel la ville s'ouvrit à une forte tradition intellectuelle. Il trouve son point de départ au XIIe siècle dans un renouveau de la vie culturelle, que les historiens ont pris coutume de comparer avec la Renaissance. Ce renouveau était intimement lié à la vie religieuse. En effet, le clergé régulier ou séculier entretenait une tradition d'instruction de longue date et les chapitres ou les abbayes étaient devenus des lieux de conservation et de diffusion du savoir, consigné dans les manuscrits des scriptoria. A Bruges, le chapitre de Saint-Donatien devait ainsi occuper une place centrale dans la vie culturelle de la région dès le début du XIIe siècle : la réputation de sa bibliothèque en témoigne.

On connaît également le rôle particulier du chapitre de Saint-Donatien par l'intermédiaire d'une personnalité hors du commun, Galbert de Bruges, qui y était attaché. Ce clerc montre à quel point le rayonnement européen de Bruges sur le plan intellectuel était une réalité. Lui-même a étudié à l'école épiscopale de Laon, avec laquelle il entretient des relations étroites. L'enseignement supérieur prodigué dans cette école jouissait d'une réputation surpassant celle de toutes les autres en Europe occidentale. Un autre clerc, Robert de Bruges, enseigna même à Laon. Il fut l'un des plus importants disciples de Bernard de Clairvaux, pionnier de l'ordre cistercien. Un troisième Brugeois marque la vie spirituelle de ce siècle : Elias le Flamand, dont la carrière ecclésiastique au Danemark influença l'intégration de ce pays au mouvement culturel du temps.

C'est au siècle suivant que les ordres mendiants s'implantèrent dans les villes en pleine croissance. Ils connurent un développement rapide et, au XIVe siècle, ils agirent de façon significative dans l'intégration spirituelle des marchands étrangers à Bruges. En effet, étant eux-mêmes de toutes nationalités, ils nouèrent rapidement des liens avec les "nations", qui installaient des chapelles dans les églises des couvents et utilisaient leurs locaux pour tenir des réunions. Les moines mendiants furent également à l'origine d'un renouveau religieux qui favorisa l'artisanat des miniaturistes brugeois et la réputation de leurs psautiers illustrés.

La bourgeoisie commerçante internationale laisse également des traces d'une vie intellectuelle laïque privilégiée à Bruges, dont les plus importantes datent du XIVe siècle. Il s'agit tout d'abord du Livre des mestiers, qui présente des dialogues dans les deux langues vernaculaires en usage dans la ville : le néerlandais et le français. Preuve de l'intérêt pour le multilinguisme que nourriront les marchands internationaux, cet ouvrage servit à l'enseignement des langues dans toute l'Europe et fut imité en anglais et en allemand. Le second ouvrage vraisemblablement issu de la tradition culturelle des marchands est l'*Itinéraire brugeois*. Il présente des itinéraires entre les plus grandes villes et les plus riches ports d'Europe, du Proche-Orient et d'Afrique du Nord, donnant les distances les séparant et leur éloignement par rapport à Bruges. L'importance de la ville est mise en évidence dans cet ouvrage qui semble avoir servi aux marchands, étudiants, diplomates, courriers et autres voyageurs pendant toute la fin du Moyen Age. Les activités commerciales de la bourgeoisie cosmopolite à Bruges en avaient fait en outre un lieu de tolérance tout particulier. Plusieurs condamnations des autorités religieuses démontrent la présence de gens influencés par l'une ou l'autre pensée religieuse déviante. Quant à la présence de juifs, si elle n'est reconnue explicitement par aucun chroniqueur, elle se laisse deviner au travers de certains toponymes et patronymes, tel "juedemaer".

Cette tradition intellectuelle multiple et ce climat de tolérance cosmopolite trouvèrent dans les conditions économiques du XVe siècle un terrain propice à la diffusion d'idées neuves. Ces idées devaient être répandues par des cercles proches des grandes familles de marchands-financiers italiens. Parmi celles-ci, la famille Adornes — et particulièrement Anselm Adornes, bibliophile cultivé — regroupa autour d'elle un véritable vivier d'érudits et de copistes italiens, qui travaillaient en collaboration avec des miniaturistes et des relieurs brugeois. D'autre part, les Brugeois eux-mêmes continuèrent de faire briller leur ville à l'étranger. Ils vont étudier à Paris ou en Italie, enseignent dans les grandes villes universitaires ou occupent des fonctions élevées dans le clergé européen. Le cumul de carrières religieuses et universitaires n'est pas rare sous le règne des ducs de Bourgogne. Théologiens, juristes et médecins issus du patriciat brugeois font partie de ces prélats impliqués dans le pouvoir temporel et avides de gloire, qui dirigent leur évêché de loin mais contribuent à leur essor culturel. Le même patriciat brugeois, sous l'influence de la cour bourguignonne, est poussé à participer à titre privé au développement intellectuel de la ville : chaque famille veut sa bibliothèque, commande des ouvrages dans toute l'Europe, surtout en Italie, et pratique le mécénat.

Au XVIe siècle, l'humanisme européen proprement dit s'épanouit dans un contexte similaire. La principale innovation de ce mouvement d'idées est d'ordre philosophique. Elle consiste en la découverte de

Illustration d'un manuscrit de l'abbaye des Dunes : *Dispute théologique entre le chrétien Pierre et le juif Moïse* (début XIIIe siècle). (Bruges, Grand Séminaire)

valeurs morales centrées sur l'homme et en rupture totale avec la scolastique médiévale. Cela passait par le retour à la sagesse des textes de l'Antiquité classique, qu'il fallait bien souvent reconstituer. Ces reconstitutions demandaient un esprit critique constamment aiguisé. Cet esprit, les humanistes l'adoptèrent face à l'ensemble des connaissances, y compris les vérités religieuses, d'où leur caractère subversif. Bruges servit de lieu de rencontre aux hommes qui partageaient par correspondance cet idéal intellectuel à travers tout le continent. Les plus importants d'entre eux furent Erasme et Thomas More.

Ils se rencontrèrent pour la première fois lors de la joyeuse entrée de Charles Quint en 1515. Ils se revirent plusieurs fois chez Mark Laurin, fils d'une famille de la haute bourgeoisie brugeoise. Bientôt, Juan Luis Vivès, Espagnol d'origine juive, se joignit à eux. Il servit d'informateur à Erasme lors de l'exil de ce dernier à Bâle. En effet, il profitait de la situation centrale de Bruges pour communiquer au penseur hollandais l'évolution des idées aux Pays-Bas, en Angleterre et en Espagne. Peu à peu, leurs réflexions devinrent suspectes et ils furent victimes de la tension internationale résultant du succès du protestantisme. Malgré tout, la position sociale des familles humanistes brugeoises fit que le pouvoir y était favorable aux progrès de l'esprit. Ainsi l'enseignement du grec et du latin se répandit dans la ville, grâce aux écoles capitulaires et aux collèges privés. Il s'en fallut de peu que Louvain refusât le Collegium trilingue de Hieronymus Busleyden et que le célèbre programme d'enseignement des langues bibliques (hébreu, grec et latin) fût accueilli à Bruges.

Des Brugeois lettrés enseignèrent les langues anciennes dans toute l'Europe. Jan van Strazeele fut même appelé à cet effet en 1529 par François Ier au Collège de France. Dès 1510, Bruges appliqua l'un des vœux les plus chers au cœur des humanistes et de Vivès en particulier : dans un traité sur l'assistance aux démunis, il préconisait l'ouverture d'écoles gratuites pour les pauvres. La Bogaardenschool de Bruges fut le premier de ces établissements d'enseignement rudimentaire, qui se multiplièrent aux XVIe et XVIIe siècles dans tous les Pays-Bas.

## LES ORIGINES

**IIᵉ-IIIᵉ siècle :** une colonie gallo-romaine est implantée dans la région. Elle subsiste grâce à l'exploitation du sel de mer.

**IVᵉ siècle :** la deuxième transgression dunkerkienne noie le littoral belge actuel. La mer creuse des chenaux, dont quelques-uns demeureront à son retrait.

**VIIᵉ-VIIIᵉ siècle :** les hommes, qui avaient fui les zones marécageuses, se réinstallent peu à peu. La mer se retire et la régression carolingienne laissera bientôt apparaître une baie, le Sincfal. Cette baie devait permettre à des navigateurs nordiques ou anglo-saxons d'établir un débarcadère ou "bryggia" à l'intérieur des terres.

**Fin IXᵉ siècle :** les invasions commencent à s'apaiser. Le premier comte de Flandre, Baudouin Iᵉʳ Bras de Fer, construit une place forte qui attire sous sa protection la population d'une petite bourgade.

**Vers 875 :** les premières monnaies brugeoises sont émises.

**De 879 à 918 :** règne de Baudouin II marqué par de nouvelles invasions scandinaves. Nouvelles fortifications dans la région, sur le mode du castrum gallo-romain.

**Xᵉ-XIᵉ siècle :** des inondations assez fréquentes poussent les habitants des régions côtières à bâtir des digues qui entretiendront dans un premier temps les accès naturels à Bruges par la mer. Mais de nouvelles constructions devaient bientôt couper définitivement ces voies. La ville cependant établit lentement une tradition de commerce international.

Privilège des marchands allemands (1253).
(Bruges, Grand Séminaire)

**1127 :** première enceinte de Bruges. L'assassinat du comte Charles le Bon montre le caractère tout relatif de la "paix commerciale" qu'il avait défendue.

**1134 :** de violentes tempêtes provoquent une inondation qui élargit le Sincfal vers le sud-ouest, le long des digues, jusqu'à l'emplacement où le port de Damme sera fondé peu après. Le Zwin est né et Bruges parvient à s'affirmer comme la première ville marchande de Flandre. Elle dispose déjà d'une administration et d'une justice propres.

La clé des Hanséates à Bruges et leur charte
(28 mai 1347). (Bruges, Archives communales)

## PREMIERS DÉVELOPPEMENTS

**Vers 1150 :** le comte Philippe d'Alsace, l'un des princes les plus accomplis du Moyen Age flamand, accorde des chartes à plusieurs villes du comté, dont Bruges.

**1180 :** fondation de Damme comme avant-port de Bruges. Les navires y sont déchargés dans des embarcations plus modestes, qui achemineront les marchandises vers Bruges par les canaux.

**1200 :** Baudouin IX, qui s'efforça d'affranchir la Flandre du pouvoir français pendant toute la durée de son règne, accorde à Bruges d'importantes libertés commerciales. Il fut également l'artisan d'un rapprochement explicite entre Flandre et Angleterre.

**1241 :** la Hanse flamande de Londres (citée à cette date dans un texte) est créée. Bruges y joue un rôle prépondérant, plus par la souplesse de ses institutions économiques que par sa position sur le marché des textiles.

**1281 :** Guy de Dampierre, comte de Flandre, doit faire face à des révoltes populaires et patriciennes ("Grote Moerlemaaie"). Après avoir rétabli l'ordre, il imposera à Bruges une nouvelle charte, qui limitera considérablement l'autonomie de la ville.

**1297 :** Philippe le Bel, roi de France, annexe le comté de Flandre. Deux factions

*Registre de comptabilité (1368). (Bruges, Archives communales)*

apparaissent à Bruges : les Leliaerts (partisans du lys royal) d'une part, et les Klauwaerts (défenseurs des pouvoirs du comte), d'autre part.

**1302 :** le 18 mai, les Klauwaerts massacrent dès l'aube les proches du régime français, identifiés par leur prononciation pénible d'un cri de ralliement ("Schield en vriend") : ce sont les Mâtines brugeoises. Elles précèdent la bataille des Eperons d'or qui ébranlera la plaine à l'est de Courtrai le 11 juillet, marquant la défaite et le retrait des troupes françaises.

**1315-1317 :** la ville, comme tout le comté, subit une crise économique. La famine et la peste provoquent des vagues de sédition. Le déclin du pouvoir comtal se précise.

**1369 :** le mariage de Marguerite de Male (unique héritière du dernier comte de Flandre, Louis de Male) avec Philippe le Hardi, duc de Bourgogne, annonce le passage de la Flandre à la prestigieuse maison princière.

**1376 :** le comte Louis de Male inaugure la construction du nouvel hôtel de ville de Bruges.

**1378 :** l'ensablement du Zwin devient préoccupant. Un canal reliant le bras de mer à la Lys est creusé pour y remédier.

## LA GLOIRE BOURGUIGNONNE

**1384 :** la mort de Louis de Male voit le comté de Flandre passer sous domination bourguignonne. Philippe le Hardi, échaudé par la rébellion gantoise menée peu avant contre son beau-père, ne dirigera le comté que de loin.

**1399 :** la construction de la "nation" gênoise (bâtiment accueillant les délégations de marchands gênois) atteste de la position centrale de Bruges dans le commerce européen.

**1419 :** Philippe le Bon succède à Philippe le Hardi à la tête des possessions bourguignonnes. Il fera de la Flandre un réel centre politique.

**1425 :** le peintre Jan Van Eyck se rapproche de la cour du duc de Bourgogne. Avant 1430, il s'installera définitivement à Bruges.

**1429 :** pour marquer la rupture avec le régime comtal, Philippe le Bon transfère le siège du pouvoir et sa cour dans le cadre prestigieux du Prinsenhof qu'il vient de faire construire.

**1430 :** à l'occasion de son mariage avec Isabelle de Portugal, Philippe le Bon donne des fêtes impressionnantes à Bruges et y crée un ordre de chevaliers qui sera envié par toutes les têtes couronnées : l'ordre de la Toison d'or.

**1444 :** Petrus Christus, figure majeure de la peinture flamande du XVe siècle, apparaît dans les registres de la ville. Il reçoit la citoyenneté brugeoise.

**1465 :** Hans Memling, après un apprentissage auprès de Rogier de la

*Miniature extraite des statuts de l'ordre de la Toison d'or : Lodewijk van Gruuthuse. (La Haye, Koninklijke Bibliotek)*

Pasture, s'installe à Bruges. La ville devient un centre culturel de toute première importance dans le nord de l'Europe.

**1467 :** Philippe le Bon meurt à Bruges.

**1468 :** La ville accueille les fastes de la cour de Bourgogne à l'occasion du mariage de Charles le Téméraire avec Marguerite d'York. Le nouveau duc, menant une politique de centralisation capricieuse, se heurtera à une certaine résistance, notamment de la part des Brugeois. Ses excès fiscaux, pour le financement de campagnes militaires, achèveront de le rendre impopulaire en Flandre.

**1477 :** Charles le Téméraire meurt à Nancy et Marie de Bourgogne, sa fille, se voit contrainte à la pacification par les pouvoirs urbains flamands (restauration des privilèges à Bruges et Gand). Mais son mariage avec Maximilien d'Autriche marque le retour d'un autoritarisme peu apprécié.

**1478 :** la nation hanséatique allemande reçoit enfin un siège propre. Bruges doit faire de nombreuses concessions pour conserver son rôle économique. Acculée au protectionnisme par la concurrence (anglaise notamment), elle perd peu à peu ses attraits aux yeux des commerçants européens.

**1482 :** la mort de Marie de Bourgogne marque le début d'une période de crise.

**1484 :** un an après la construction du beffroi, Gérard David est inscrit à la guilde de Saint-Luc à Bruges.

**1488 :** la querelle d'influence autour de la régence des Pays-Bas a dégénéré en conflit armé (qui a vu l'intervention de Louis XI et Charles VIII, rois de France). La crise culmine par l'emprisonnement à Bruges de l'archiduc Maximilien. De grands renforts militaires lui permettent de rétablir l'ordre. Cette constante instabilité nuit considérablement à la position économique de la ville.

**1494 :** Philippe le Beau succède à son père, devenu empereur. Un an plus tard, il épousera Jeanne la Folle, héritière de la couronne d'Espagne. Il veille à rétablir un climat serein en Flandre. Hans Memling meurt à Bruges. Gérard David devient peintre officiel de la ville.

## LES PAYS-BAS ESPAGNOLS : LUTTES POUR LE MAINTIEN

**1500 :** naissance de Charles Quint à Gand.

**1515 :** la première joyeuse entrée de Charles Quint à Bruges ne peut masquer une difficile réalité : la ville a perdu tout intérêt pour le commerce international. Sluis même est péniblement accessible par la mer et les bateaux doivent rompre charge de plus en plus loin. Anvers voit arriver son siècle d'or, suivie de près par Amsterdam. Les "nations" étrangères ont presque toutes délaissé la ville. Bruges n'a plus le poids nécessaire au maintien de ses privilèges.

**1523 :** les premières condamnations pour hérésie attestent du succès de la Réforme à Bruges. Le commerce avait habitué ses habitants à la tolérance, l'humanisme y avait trouvé un berceau cosmopolite : elle devait être un lieu de diffusion privilégié pour les idées nouvelles qu'apportaient les marchands allemands, encore nombreux à y faire étape.

**1545 :** la construction de la nouvelle draperie pousse à relativiser le déclin de la cité. La nation espagnole y est toujours représentée. Elle est le principal fournisseur en matière première pour l'industrie textile, encore vigoureuse en Flandre. Les marchés financiers (dont le change) ont également conservé leur siège à Bruges. Certains élaborent même des plans pour le retour des navires...

**1559 :** dans le cadre de la Contre-Réforme catholique, Philippe II crée plusieurs évêchés, dont la petite taille et la sévérité

Vue de la ville de Bruge réalisée d'après le plan de Marcus Gerards (1564). (Bruges, Bilbliothèque communale)

des dirigeants devaient réactiver la lutte contre l'hérésie. Parmi ceux-ci : Bruges.

**1562 :** la fin du creusement d'un nouveau canal Damme-Sluis laisse espérer le retour à la prospérité des siècles passés. Le plan de Bruges, réalisé par Marcus Gerards, devait mettre en évidence les nouvelles infrastructures dans un but promotionnel.

**1578 :** Philippe II, roi centralisateur, connaît une opposition croissante en Flandre. D'autre part, une relative pacification religieuse a permis le retour en force de protestants dans le pays. Ceux-ci prennent le pouvoir à Gand et forment une armée qui envahit Bruges. Une vague d'iconoclasme secoue la région.

**1584 :** une puissante offensive permet au nouveau gouverneur-général espagnol, Alexandre Farnèse, de reprendre Bruges après un siège épuisant. Le climat d'insécurité a ruiné les récents espoirs. Le Zwin est définitivement perdu pour la navigation.

**1613 :** le canal Bruges-Gand est achevé. Neuf ans plus tard, une voie navigable entre Bruges et Ostende allait rendre à la Flandre et au Brabant un accès à la mer non soumis au contrôle des Provinces Unies.

**1665 :** on creuse le bassin du Commerce (Handelskom) au nord de la ville. Les travaux préalables d'élargissement du canal vers Ostende rendent à nouveau possible l'arrivée de navires de mer à Bruges. Rapidement, l'instabilité internationale (guerres de Louis XIV) et les jalousies entre villes flamandes allaient rendre à Bruges un rôle modeste. Elle est un centre de commerce et d'industrie, certes, et n'a jamais cessé de l'être. Mais depuis plus d'un siècle, elle ne compte plus qu'à l'échelle régionale.

**1701 :** Un service funèbre est célébré à Bruges pour Charles II, dernier des souverains habsbourgeois espagnols. La crise dynastique qui devait suivre ce décès allait mener à la guerre de Succession d'Espagne.

## DES PAYS-BAS AUTRICHIENS À L'INDÉPENDANCE DE LA BELGIQUE

**1713 :** le traité d'Utrecht met fin à la guerre. Les Pays-Bas espagnols sont cédés à la couronne d'Autriche. Une ère de prospérité relative s'annonce.

**1749 :** le gouverneur Charles de Lorraine, nommé en 1740, prend réellement ses fonctions après quelques difficultés. Prince bienveillant, il favorisera le développement économique de ces régions. Son règne verra un renouveau de l'artisanat et de l'industrie à Bruges (verrerie, faïencerie...) .

**1753 :** ouverture d'une voie entre le bassin du Commerce et le début du canal Bruges-Gand, lui-même élargi.

**1786 :** la construction, quelques années plus tôt, de nouveaux entrepôts plus vastes permet de démolir la Waterhalle médiévale. Une certaine reprise économique se confirme sous le règne de Joseph II.

**1794 :** les troupes françaises arrivent en juin à Bruges. Cet événement sonne le glas de la reprise déjà menacée par l'instabilité, résultant de la révolution brabançonne et de la guerre franco-autrichienne. L'occupation par la France de la Zélande met également un terme à la fermeture du Zwin et de l'Escaut occidental.

**1804-1811 :** pour réaliser une meilleure intégration de la Zélande à la Flandre, on envisage de lier Gand et Bruges à l'Escaut occidental (Breskens) par de nouveaux canaux. Le projet devait ensuite être associé aux plans militaires de Napoléon, pour un dispositif maritime tourné vers l'Angleterre dans l'estuaire de l'Escaut.

**1815 :** interruption des travaux. Peu après le passage sous domination hollandaise, Bruges devient le chef-lieu de la province de Flandre occidentale.

Fernand Knopff, *une Ville abandonnée* (1904). (Bruxelles, Musées royaux des Beaux-Arts de Belgique)

**1818 :** un canal Bruges-Sluis est ouvert à la navigation. Guillaume I$^{er}$ ayant relancé les travaux, intéressé par leur portée économique. Cette politique porte ses fruits et le retour d'une certaine activité offre à nouveau des promesses d'avenir à Bruges.

**1827 :** le tonnage de plus en plus important des navires empêche bientôt tout trafic maritime sur le canal Ostende-Bruges. Guillaume I$^{er}$ reprend le projet d'un canal Sluis-Breskens.

**1830 :** l'indépendance de la Belgique met fin à toute idée de liaison entre Bruges et l'Escaut occidental. La ville ne sera plus accessible par la mer avant la fin du siècle.

## VILLE-MUSÉE ET NOUVEAU PORT

**1838 :** une ligne de chemin de fer est inaugurée entre Gand, Bruges et Ostende.

**1847 :** la crise économique que connaît Bruges depuis l'indépendance culmine. La famine touche la plus grande partie de la population, ainsi poussée à l'émeute.

**1856 :** l'historien et archéologue anglais James Wheale s'installe à Bruges. Le romantisme, qui y redécouvre un Moyen Age mythique, impose l'architecture néogothique. Sous l'influence d'une mode anglaise, la ville devient un centre de culture tourné vers le passé.

**1865 :** Léopold II monte sur le trône. Il donnera l'élan nécessaire à la restauration de la ville, dont il veut que les joyaux soient visités par tous les voyageurs qui traversent le pays.

**1877 :** Bruges n'est pas parvenue à prendre le train de la révolution industrielle. Tout espoir d'un nouvel essor semble enterré quand un certain Auguste de Maere d'Artrijcke publie une brochure intitulée *d'Une communication directe de Bruges à la mer*.

**1895 :** après environ vingt ans de lutte acharnée, grâce à l'appui de Léopold II, les Brugeois obtiennent les premiers crédits pour la réalisation du projet. Un nouveau port côtier entre Heist et Blankenberge et un nouveau port intérieur au nord de la ville, reliés par un canal capable d'accueillir les plus gros navires de mer.

Affiche de l'exposition *les Primitifs flamands* organisée à Bruges en 1902.

**1907 :** le port de Zeebrugge est inauguré en présence de Léopold II.

**1918 :** le port, occupé depuis quatre ans par les Allemands, est attaqué par l'aviation anglaise qui le détruit dans la nuit du 22 au 23 avril.

**1930 :** la crise touche durement la région qui sort à peine d'une reconstruction difficile.

**1945 :** le port de Zeebrugge et la ville, peu endommagés lors de la guerre, vont enfin pouvoir envisager de développer leur potentiel. Ils développent une politique de promotion tous azimuts et continuent de faire pression pour la modernisation des infrastructures.

**1949 :** l'année de la création par Jean Monnet du Conseil de l'Europe voit la ville choisie comme siège du Collège de l'Europe, qui réunit l'élite des sciences politiques, économiques et sociales autour de l'avenir du continent.

**1970-1990 :** la ville s'adapte peu à peu aux techniques modernes de gestion de l'environnement urbain (plan de circulation...). Elle prend conscience de la richesse de son patrimoine et mène une politique de rénovation, pionnière à bien des égards.

## PETIT DICTIONNAIRE DES PERSONNALITÉS

**ADORNES (Pieter) (?-1464) et (Anselm) (1424-1483)**
Issus d'une famille à la fois brugeoise et génoise, Pieter et son fils Anselm Adornes étaient actifs dans le commerce international et la politique de la ville. Ils furent les pionniers de l'humanisme à l'italienne en Flandre. Le premier entreprit la constitution d'une bibliothèque publique. Le second réunit autour de lui un cercle d'hommes lettrés de la grande bourgeoisie commerçante italienne et flamande. Cette petite société cultivait l'amour du livre, de la littérature et des idées nouvelles.

**ANDRIES (Joseph-Olivier) (1796-1886)**
Historien de formation, ce prêtre publia de nombreux travaux d'érudition, et fut également actif en politique parmi les opposants à Guillaume Ier, puis comme membre du Congrès national et comme député. Il participa à la fondation de la Société d'émulation de Bruges.

**BAENST (Paul de) (?-1497)**
Membre d'une importante famille patricienne de Bruges, il fut élu recteur de l'université de Pavie en 1473 et y obtint un doctorat en droit canon et civil, deux ans plus tard. De retour à Bruges, il fut nommé président du Conseil de Flandre. Son rôle à la cour de Bourgogne ne l'empêcha pas d'étudier les classiques latins et les humanistes italiens.

**BENING (Simon) (1483-1561)**
En 1508, le miniaturiste de l'école ganto-brugeoise du XVIe siècle est inscrit à la guilde de Saint-Luc à Bruges. La plus grande partie de son œuvre est consacrée à l'illustration de livres de dévotion en langue vernaculaire.

**BLONDEEL (Lancelot) (1498-1561)**
Peintre, architecte, sculpteur, ingénieur et cartographe, on lui doit des réalisations aussi diverses que la cheminée du Franc de Bruges en 1528, ou le plan d'une nouvelle liaison de Bruges à la mer en 1546.

**BRANGWYN (Frank) (1867-1943)**
Architecte et décorateur anglais, il vécut à Bruges où il se passionna pour l'architecture des maisons et des églises. Il légua ses peintures, lithographies et gravures à la ville, qui les réunit dans un musée qui porte son nom.

**CALLOIGNE (Jean) (1775-1830)**
Sculpteur et architecte néoclassique, il fut nommé statuaire en titre du roi Guillaume Ier et réalisa notamment la statue de Jan Van Eyck dans sa ville natale.

**CHRISTUS (Petrus) (1425-1473)**
C'est en 1444 que son nom est cité pour la première fois dans les archives de Bruges comme bourgeois de la ville. Seuls six tableaux du peintre majeur de l'école flamande du XVe siècle ne font aucun doute. Il se singularise par le dynamisme de ses compositions et l'élimination des détails inutiles.

Petrus Christus, *Portrait de jeune femme (vers 1470)*. (Berlin, Staatliche Museum)

**CLAUS (Hugo) (1929)**
D'abord poète, l'écrivain flamand s'illustra ensuite dans le théâtre, le roman et le scénario de télévision ou de cinéma. Il toucha également à la peinture (avec le groupe Cobra) et réalisa lui-même plusieurs films. Son chef-d'œuvre, *het Verdriet van België* (*le Chagrin des Belges*), en fit la tête de proue de la littérature néerlandaise d'après-guerre.

**CLAYS (Paul Jan) (1819-1900)**
Ce peintre brugeois s'illustra particulièrement dans le genre des marines. Ses sujets de prédilection réunissent l'Escaut et la Tamise, ce qui le replace dans la longue tradition de rapprochement anglo-flamand.

**CRABBE (Johannes) (?-1488)**
De 1457 à sa mort, cet homme d'origine modeste fut abbé de l'abbaye des Dunes à Coxyde. Il vivait cependant à Bruges et joua un rôle politique considérable sous le règne de Marie de Bourgogne. Il commanda un retable à Memling, le triptyque qui porte son nom. Ses activités de bibliophile le portèrent à s'intéresser aux auteurs classiques latins et aux poètes italiens de son temps (notamment Pétrarque et Dante). Il ne fut pas non plus indifférent aux humanistes.

**DAVID (Gérard) (1460-1523)**
Le dernier peintre de l'école flamande du XVe siècle reçut probablement sa formation à Haarlem. Il est inscrit à la guilde de Saint-Luc à Bruges en 1484 et devient peintre officiel de la ville en 1494, à la mort de Memling. Peintre archaïsant, sa manière douce et l'intimisme de ses compositions

Gerard David, détail des *Noces de Cana* (1499). (Paris, Musée du Louvre)

religieuses s'inscrivent dans des perspectives ranimées et des paysages détaillés.

**DE BROUWER (Alphonse) (1850-1937)**
En 1878, il fonda à Bruges une maison d'édition avec les frères Desclée de Tournai. D'abord destinée à la publication d'ouvrages religieux et d'enseignement, la maison ne cessera de croître et fit paraître des albums illustrés, des livres pour la jeunesse et des revues. En 1979, elle fut rachetée par un groupe catholique français et est aujourd'hui connue sous le nom des éditions Desclée-De Brouwer.

**DECLOS (Alphonse) (1841-1925)**
Historien, il s'intéressa surtout au folklore et à l'histoire de la ville de Bruges. Il fut rédacteur en chef de *Rond den Heerd*, revue de folklore à laquelle participa Guido Gezelle. Il publia également des études sur les primitifs flamands.

**DE LA CENSERIE (Louis) (1838-1909)**
Prix de Rome en 1862, cet architecte rénova de nombreuses maisons et bâtiments anciens à Bruges. Il a également dessiné la monumentale gare d'Anvers.

**DE LESCLUSE (Jean-Baptiste) (1790-1858)**
Négociant et armateur issu de l'ancienne bourgeoisie commerçante brugeoise, il rendit à Bruges un peu de son prestige passé. Ses activités le menèrent de la Baltique aux Antilles, en mer Noire et en Afrique du Nord.

**ELIAS LE FLAMAND (?-1162)**
Ce prélat fut doyen du chapitre de Saint-Donatien entre 1110 et 1130. A la suite de plusieurs compromissions politiques en Flandre, il fuit au Danemark où il devint évêque de Ribe en 1142. Il y fit construire la cathédrale et y fonda une école épiscopale.

**GALBERT DE BRUGES (début du XIIᵉ siècle)**
Clerc du chapitre de Saint-Donatien, il était employé par l'administration du comté de Flandre et fut même secrétaire du comte Charles le Bon. Il laisse un document étonnant, un journal écrit pendant les années 1127-1128 qui reprend, avec des commentaires de l'auteur, les faits entourant le meurtre de Charles le Bon.

**GAREMIJN (Jan Antoon) (1712-1799)**
Ce peintre baroque tardif s'est illustré dans tous les genres, mais on retiendra ses scènes de la vie populaire comme un aspect original de son œuvre.

**GEZELLE (Guido) (1830-1899)**
Ce prêtre brugeois est considéré comme le plus grand poète flamand du XIXᵉ siècle. Il publia ses premiers recueils en 1858 et 1862. Il exerce alors ses talents de polémiste dans des journaux catholiques et dirige la revue de folklore brugeoise *Rond den Heerd*. Son œuvre intégrera ce folklore à un symbolisme empreint de mystique médiévale.

**GREGORIUS (Albert) (1774-1853)**
Portraitiste et peintre d'histoire néoclassique, il se dote d'un style à l'école de Jacques-Louis David à Paris. Il y peindra notamment les portraits de Napoléon et de Louis XVIII.

**GRUUTHUSE (Lodewijk van) (?-1492)**
Membre important de la cour de Bourgogne, il est l'exemple même de l'influence culturelle que les ducs exercèrent sur le patriciat flamand. Il fit briller sa résidence à l'image du Prinsenhof par une imposante bibliothèque d'inspiration aristocratique.

**HAUTSCILT (Lubert) (1347-1417)**
Abbé de l'abbaye de l'Eekhout dès 1394, il fut diplomate et conseiller du duc de Bourgogne. Au cours d'une de ses missions, il se lia d'amitié avec Jean de Berry et échangea des manuscrits avec lui. Intéressé par l'astronomie et l'astrologie, il est vraisemblable qu'il connaissait les textes pré-humanistes de son temps.

**HUYSSENS (Pieter) (1577-1637)**
Cet architecte et père jésuite contribua activement à l'essor de l'art baroque dans les Pays-Bas. On retrouve ses réalisations à Tournai, Douai, Maastricht, Namur... Il participa notamment à l'édification de l'église Saint-Charles-Borromée à Anvers en 1619. La même année, on érige son œuvre principale à Bruges : l'église Sainte-Walburge.

**ISENBRANT (Adriaan) (1490-1551)**
L'incertitude plane sur l'origine exacte de ce peintre reçu franc-maître à Bruges en 1510 en qualité d'étranger. Son style est proche de celui de Gérard David, avec qui il collabora. Il semble avoir dirigé un atelier particulièrement important dans la ville.

**JOOSTENS (Antoine) (1820-1886)**
Peintre d'histoire, il excella dans l'art des vues de ville que lui inspirait sa Bruges natale.

**KERVYN DE LETTENHOVE (Henri) (1877-1928)**
Conservateur du musée archéologique de Bruges, cet historien d'art a consacré sa vie à l'organisation d'expositions autour de l'histoire de la ville (les primitifs flamands, la Toison d'or). Il travailla également sur les dommages causés par la guerre aux œuvres d'art.

**LAURIN (famille)**
Au XVIᵉ siècle, Hieronymus, conseiller de Philippe le Beau, confia l'éducation de ses enfants à un ami d'Erasme. En 1517, l'aîné de ses fils, Mark, recevait chez lui Erasme et Thomas More. Il leur permit de se rencontrer plusieurs fois en compagnie de Juan Luis Vivés

jusqu'en 1521. Son fils Mark Laurin le Jeune devait, lui, être à l'origine, avec l'imprimeur Goltzius, d'une des rares entreprises d'édition au XVIᵉ siècle à Bruges. Il réunit également une importante collection d'objets antiques.

**MEMLING (Hans) (1435-1494)**
Le peintre, Rhénan de naissance, se forme à Cologne et à Bruxelles, où il reçoit l'enseignement de Roger de la Pasture. En 1465, la citoyenneté lui est accordée à Bruges. Il y travaille pour les congrégations religieuses, les riches bourgeois et les marchands italiens. Ses portraits montrent des types idéalisés caractérisés par une certaine retenue sentimentale et la recherche de l'équilibre dans ses compositions annonce la Renaissance.

Hans Memling, détail du *Tryptique Saint-Jean* (1479). (Bruges, Hôpital Saint-Jean)

**ODEVAERE (Joseph Denis) (1778-1830)**
Formé à Bruges, il se rend à Paris où il obtient le Prix de Rome en 1804. Il rentrera aux Pays-Bas à la chute de l'Empire et sera nommé peintre officiel du roi Guillaume Iᵉʳ. Néoclassique, son œuvre se rattache explicitement à celui de Jacques-Louis David.

**PLANNING (1966)**
Ce groupe d'architectes fondé à Bruges mena de nombreuses études d'urbanisme en Belgique et à l'étranger. Son plan d'aménagement est à l'origine du renouveau dans la gestion de l'environnement de la ville.

**PORTINARI (Tommaso) (1432-1501)**
Banquier florentin, il représenta les intérêts des Médicis à Bruges de 1465 à 1480. Il participait de près à la vie intellectuelle et culturelle brugeoise de son temps. Il faisait partie des relations

d'Anselm Adornes et était proche du courant humaniste. Il commanda plusieurs œuvres à Hans Memling.

## POURBUS (Pieter) (1523-1584)

Père d'une dynastie de peintres, il fait son apprentissage à Bruges où il est inscrit franc-maître en 1543. A ses talents de peintre, il convient d'ajouter ceux de cartographe et de décorateur. Si ses portraits l'inscrivent dans la tradition flamande, ses scènes de genre et compositions religieuses le rattachent au maniérisme.

## PROVOOST (Jan) (1465-1529)

Né à Mons, le peintre acquiert la maîtrise à Anvers en 1493 et devient franc-maître brugeois en 1494. Représentant tardif de l'école flamande du XVe siècle, ses compositions dramatiques l'écartent déjà de ce mouvement, duquel il se particularise par la douceur de son style.

## PULINX (Hendrik) (1698-1781)

Architecte et cartographe, il dessina les plans de l'église du couvent anglais en 1736. En tant que sculpteur, il signe les chaires de plusieurs églises, dont celle du Saint-Sang en 1727 et des mausolées en marbre parmi lesquels celui de l'évêque Van Susteren à la cathédrale du Saint-Sauveur en 1747. En 1751, il fonde une manufacture de faïences au Minnewater.

## RECKELBUS (Louis) (1864-1957)

Ce peintre de paysages et de marines s'est fréquemment inspiré des lieux pittoresques de sa ville dont il laisse des toiles, aquarelles et lithographies.

## ROBERT DE BRUGES (?-1157)

En 1131, ce clerc brugeois, qui enseigna à la prestigieuse école épiscopale de Laon, se fit moine à l'abbaye de Clairvaux. Cette abbaye dépendait de l'ordre cistercien et son abbé, Bernard de Clairvaux, désigna en 1138 Robert de Bruges comme premier abbé cistercien de l'abbaye des Dunes à Coxyde.

## VAN DE KERCKHOVE (Frédéric) (1862-1873)

Surnommé "l'enfant de Bruges", ce peintre prodige était le fils de Jan Van De Kerckhove, lui-même peintre de genre et de paysages. Dès ses sept ans et jusqu'à sa mort, il réalisa plus de six cents paysages romantiques et sombres. Son père les réunit dans un album édité à Paris en 1877.

## VAN DEN ABEELE (François-Jean-Adolphe) (1824-1890)

Médecin en chef des hospices d'aliénés, de vieillards et d'orphelins de la ville de Bruges, il fut un témoin privilégié de la misère qui y régnait en son temps. Il fut également secrétaire de l'académie des beaux-arts de la ville.

## VAN EYCK (Jan) (1390-1441)

D'origine limbourgeoise, le peintre s'installa vers 1425 à Bruges où il fit carrière à la cour des ducs de Bourgogne. Il perfectionna la technique de la peinture à l'huile dans ses

Jan Van Eyck, *le Mariage de Giovanni Arnolfini* (1434), détail. (Londres, National Gallery)

compositions où la lumière diffuse souligne l'immobilité des personnages et le rendu des matières. Ses portraits marquent surtout par l'intériorité des sentiments. Il est à l'origine de l'école flamande du XVe siècle.

## VAN HOONACKER (Albin) (1857-1933)

Professeur de théologie à l'université de Louvain, il fut un grand connaisseur de la langue hébreuse et des Ecritures saintes. Il semble avoir suivi la voie tracée au XIIe siècle par les premiers clercs brugeois.

## VAN HOVE (Edmond) (1851-1912)

Ce peintre subit deux influences prédominantes : celle des préraphaélites et celle des primitifs flamands, dont il égala presque les grands maîtres.

## VAN OOST (Jacob, dit l'Ancien) (1601-1671)

Ce peintre est fait franc-maître de la guilde de Saint-Luc en 1621. La même

année, il entreprend un voyage en Italie où son œuvre évoluera jusqu'en 1628, notamment sous l'influence du Caravage. Il s'illustra particulièrement dans le genre des portraits de groupe en situation, qu'il pratiqua essentiellement en Hollande.

## VAN PRAET (Joseph) (1754-1837)

Fils de Joseph-Ignace Van Praet, imprimeur du Franc de Bruges décédé en 1792, Joseph Van Praet eut, en tant que bibliophile, une telle réputation qu'il devint à Paris le bibliothécaire de Marie-Antoinette.

## VERSCHELDE (Karel) (1842-1881)

Architecte et archéologue, il reçut sa formation à l'académie des beaux-arts de Bruges. De cette même ville, il restaura l'hospice Notre-Dame-de-la-Potterie. Il en étudia également l'histoire de l'architecture et la toponymie.

## VISART DE BOCARME (Amédée) (1835-1924)

Cet homme politique catholique fut bourgmestre de Bruges à partir de 1876. En 1883, il prit la défense du projet d'un nouveau port à Zeebrugge, nourri depuis quelques années par ses concitoyens.

## VIVES (Juan Luis) (1492-1540)

Ses origines juives obligent cet humaniste à quitter son Espagne natale. Passant par Paris et Louvain, il se fixe à Bruges en 1528, après cinq ans d'enseignement à Oxford. Ses liens étroits avec Thomas More et Erasme font de lui une figure centrale de l'humanisme du XVIe siècle. Les idées pédagogiques et psychologiques qu'il développe dans son œuvre l'inscrivent parmi les précurseurs de Descartes.

## BIBLIOGRAPHIE GÉNÉRALE

CALI (François), SUDRE (Jean-Pierre), *Bruges. Au berceau de la peinture flamande*, éd. Artaud, 1963.

CONSTANDT (L.), (sous la direction de), *une Ville fait peu neuve : 111 années de restauration artistiques à Bruges (1877-1988)*, éd. Marc Van de Wiele, 1988.

DE VLIEGHER (L.), *les Maisons à Bruges. Inventaire descriptif*, éd. Lannoo, 1992.

DELVOYE (H.), DERAEVE (J.), *Collections privées à Bruges*, éd. Crédit Communal de Belgique, 1970.

DE POTTER (André), *Bruges : promenade dans le passé*, éd. Vyncke, 1979.

de SAINT-HILAIRE (Paul), *Bruges : cité du Graal*, éd. Rossel, 1978.

DE VOS (Dirk), *Musée Groeninge. Bruges*, éd. Crédit Communal de Belgique (coll. Musea Nostra), 1987 ; *Hans Memling*, éd. Fonds Mercator, 1994.

LOBELLE-CALUWE (Hilde), *Musée Memling. Bruges*, éd. Crédit Communal de Belgique (coll. Musea Nostra), 1987.

MAUCLAIR (Camille), *le Charme de Bruges*, éd. Piazza, 1943.

PANOFSKY (Erwin), les Primitifs flamands, éd. Hazan, 1992.

PILIPPOT (Paul), *la Peinture dans les anciens Pays-Bas, XV$^e$-XVI$^e$ siècle*, Flammarion, 1994.

RODENBACH (Georges), *Bruges-la-Morte*, éd. Flammarion, 1978.

SOSSON (Jean-Pierre), *les Travaux publics de la ville de Bruges (XIV$^e$-XV$^e$ siècle)*, éd. Crédit Communal de Belgique, 1977.

SUTTON (Edna), *Bruges flower lace patterns*, éd. Dryad, 1988.

VAN DEN ABEELE (André), *Bruges*, éd. Artis Historia, 1980.

VAN HOUTTE (Jean-Albert), *Bruges : essai d'histoire urbaine*, éd. La Renaissance du Livre, 1967.

VERCAMMEN (Jan), *Bruges*, éd. Legrain, 1973.

VERMEERSCH (Valentin), *Bruges, mille ans d'art : de l'époque carolingiennne au néogothique*, éd. Fonds Mercator, 1986 ; *Bruges et l'Europe*, éd. Fonds Mercator, 1992 ; *les Musées de Bruges*, éd. Crédit Communal, 1992.

VERMEERSCH (Valentin), RYCKAERT (Marc), *Bruges and the sea : from Bruggia to Zeebrugge*, éd. Fonds Mercator, 1982.

# A la découverte du patrimoine de Bruges

Bruges : basilique
du Saint-Sang
(détail), place
du Burg.

*Description du patrimoine
historique et artistique de la ville :*

*I. Monuments et édifices religieux
(églises, trésors d'art religieux...)*

*II. Architecture civile (hôtel de ville,
beffroi, hôtels particuliers...)*

*III. Architecture militaire
(châteaux, fortifications...)*

*IV. Musées.*

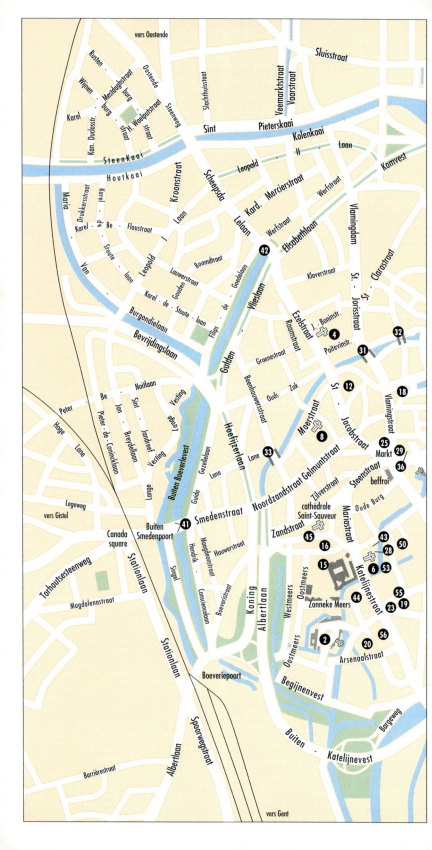

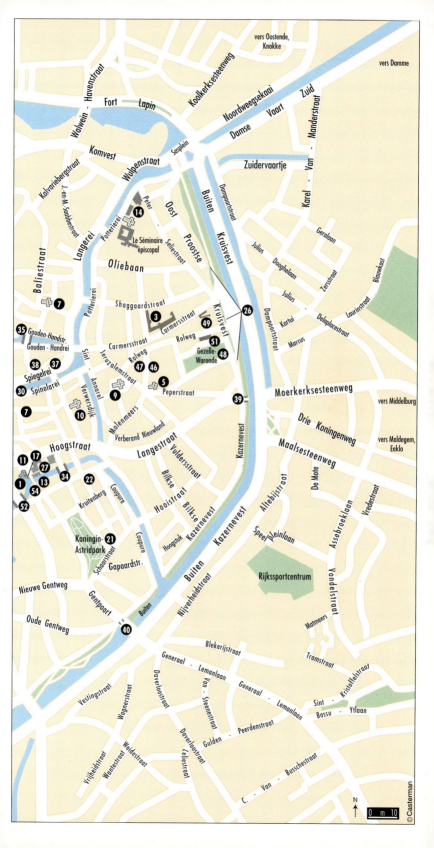

## I. PATRIMOINE RELIGIEUX

### Basilique du Saint-Sang ❶

Ce célèbre édifice, situé sur le Burg à droite de l'hôtel de ville, est typique de l'imbrication d'époques qui fait tout le charme de cette place. Il consiste en effet en une église inférieure romane, une église supérieure gothique remaniée et un escalier monumental gothico-renaissant (de Steeghere), et son élégante façade sculptée en pierre créa un contraste marqué avec la sobre nef de l'église. Cette façade, réalisée entre 1529 et 1533 par Christiaan Sixdeniers (d'après les dessins des sculpteurs Willem Aerts et Benoît van de Kerkhove), fut en partie polychromée par Jan Zutterman en 1534, et reçut en 1542 une série de statues dues à Lancelot Blondeel. Bien que l'allure générale relève du gothique tardif, quelques éléments — comme les tondi — trahissent des influences Renaissance, encore plus visibles sur la façade adjacente de l'ancien greffe civil, réalisée

Bruges, procession du Saint-Sang (28 mai 1992).

également à cette époque par les mêmes artistes. Il faut signaler, cependant, que ces deux façades ont été reculées de deux mètres et partiellement reconstruites en 1832. Les statues de princes datent aussi du XIXe siècle.

L'église inférieure est le principal monument de style roman conservé à Bruges. Elle fut construite de 1139 à 1149 par le comte Thierry d'Alsace et son épouse Sibylle d'Anjou, qui la dédièrent à la Vierge et à saint Basile, dont les reliques y étaient conservées. C'est le même Thierry d'Alsace qui, selon la tradition, aurait ramené à Bruges en 1149 quelques gouttes du sang du Christ, don du patriarche de Jérusalem pour son courage lors des croisades. Chaque année, depuis 1303, Bruges rend hommage à cette relique lors de la grandiose procession du Saint-Sang, le jour de l'Ascension.

L'église romane, très austère dans sa pénombre, compte trois nefs couvertes de voûtes d'arêtes en pierre soutenues par quatre solides colonnes et un long chœur étroit. Parmi les œuvres qu'elle abrite, on admirera

plus particulièrement dans la nef droite, la Vierge à l'enfant, en bois doré et polychromé (environ 1300), qui constitue l'une des œuvres les plus remarquables de la sculpture gothique brugeoise. En pénétrant dans la chapelle méridionale, on ne manquera pas d'observer au tympan de la porte le petit bas-relief roman représentant le baptême du Christ. Cette œuvre, attachante dans sa simplicité et son expressivité, remonte au XIe siècle.

Par le bel escalier de 1530, on accède à l'église du Saint-Sang, devenue basilique en 1923. Egalement d'origine romane, aménagée en style gothique au XVe siècle, elle fut détruite à la Révolution et reconstruite au XIXe siècle, ce dont témoignent le décor néogothique et les peintures symbolistes du chœur. L'église contient entre autres une belle chaire de vérité en chêne en forme de globe terrestre exécutée par Pulinx en 1728. Le même artiste a conçu l'autel rococo en marbre situé dans la chapelle latérale. Sur le reposoir à sa droite le Saint-Sang est exposé tous les vendredis. Un petit musée abrite les pièces les plus précieuses du patrimoine de l'église (voir le chapitre musées, p. 61).

• *Basilique du Saint-Sang*
  *10, Burg*
  *Tél. : 050/33.67.92.*

*Ouverture : du 1er avril au 30 septembre, tous les jours sauf mercredis après-midi, de 9 h 30 à 12 h et de 14 h à 18 h ; le reste de l'année, de 10 h à 12 h et de 14 h à 16 h.*

### Béguinage de la Vigne ❷

"Le silence dans la ville" : le béguinage situé au bout de la Wijngaardplein est un des ensembles monumentaux les plus paisibles de Bruges, dont la naissance témoigne de l'essor général de la ville durant la période gothique, tant d'un point de vue démographique qu'économique. La communauté des béguines du bourg médiéval se retira dès le XIIIe siècle dans un quartier isolé, loin de l'agitation commerciale du centre. Le béguinage bénéficia du statut de paroisse indépendante en 1245 selon la volonté de Marguerite de Constantinople, comtesse de Flandre. Durant son histoire, il fut soumis aux vicissitudes politico-religieuses. Sous les ducs de Bourgogne, le béguinage connut une

Bruges, le béguinage (le préau).

période de prospérité (de nombreux privilèges lui furent accordés) ; par contre au XVᵉ siècle, il souffrit des répercussions des troubles des Pays-Bas. Chassées de leur retraite, les béguines ne réinvestirent les lieux qu'en 1605.

Le site, délimité par des maisonnettes blanches ornées de pignons, semble appartenir à un autre siècle. Malgré la mort de la dernière béguine en 1928, une vie religieuse se maintient toujours en ces lieux. Depuis 1930, une communauté de bénédictines s'y est installée. En pénétrant dans la cour arborée, vous vous dirigerez sur la gauche pour visiter un petit musée inséré dans une maison de béguines (ouverture : de 9 h 30 à 12 h et de 13 h 45 à 17 h 30 en semaine, de 10 h 45 à 12 h et de 13 h 45 à 18 h les dimanches et jours fériés du 1er avril au 30 septembre, fermé le dimanche de 16 h 20 à 17 h 05 ; de 10 h 30 à 12 h et de 13 h 45 à 17 h du 1er octobre au 31 mars ; en décembre et février, les mercredis, samedis et dimanches de 14 h 45 à 16 h 15).

L'église du béguinage date de 1605. Toutefois, ce monument recèle encore quelques parties remontant au milieu du XIIIᵉ siècle, comme sa typologie en trois nefs et son chœur profond peu éclairé. Les maçonneries entre les contreforts et les supports circulaires des nefs, ainsi que les baies supérieures du vaisseau central datent de la même époque. L'édifice contient une statue de la Vierge du XIIIᵉ siècle

et un portrait de sainte Elisabeth par Van Ost en 1678. La maison dénommée de la Grande Desmoiselle laisse apparaître des influences baroques,

Bruges, le béguinage
(le Grand-Verger)

notamment dans son pignon triangulaire à rampants (XVIIᵉ siècle).

## Cathédrale Saint-Sauveur

Cet imposant édifice brugeois est bâti en briques. Les blocs d'argile lui pro-

curent son aspect sobre. Ici pas de peuple de sculpture comme dans les cathédrales de pierre. En 1116 un incendie détruisit la première église du Saint-Sauveur, édifice primitif qui bénéficiait déjà du statut de paroisse. Pour la remplacer, un second bâtiment de pierre fut construit en 1127, selon les principes romans. Au XIII<sup>e</sup> siècle l'église est profondément remaniée, mais la tour romane est sauvegardée. Un chevet et des chœurs secondaires furent construits. Le transept et les trois premières travées du chœur remontent à la même époque. Un incendie en 1358 obligea les Brugeois à remonter une partie du transept et de la nef. Le chœur, encore visible aujourd'hui, fut sans doute influencé par celui de la cathédrale de Tournai.

Autour de cette partie furent alors édifiés à partir de 1480 un déambulatoire et des chapelles, influencés par les formules gothiques brabançonnes (notamment les larges fenêtres). Cette partie de Saint-Sauveur est décrite comme l'une des plus belles réussites du style gothique tardif à Bruges. Parmi les différentes composantes de l'édifice, la tour est certainement celle qui permet le mieux de visualiser les phases successives de construction. Sa base en tuf et en pierre de taille est un vestige de la construction de 1127. Vers 1200, l'élévation de la tour fut reprise en utilisant des briques. Il s'agit d'un des plus anciens exemples de l'utilisation de la brique à Bruges. De cette deuxième tranche de travaux datent

les contreforts primitifs de la partie inférieure et, de manière générale, les maçonneries situées sous la première frise d'arcatures. Ces dernières et les contreforts correspondent à deux éléments architecturaux typiquement romans. La troisième époque de construction (le XIII<sup>e</sup> siècle) nous a laissé le dernier et plus haut niveau de la tour. Cette partie est gothique et apparaît déjà moins massive que les registres romans inférieurs. Quant au couronnement, il date du XIX<sup>e</sup> siècle et s'étire dans un style néoroman.

L'intérieur de l'église du Saint-Sauveur séduit par l'élégance de son espace très élancé, dominé par un sentiment de verticalité. Ce traitement spatial rapproche la cathédrale brugeoise des célèbres réalisations françaises du XIV<sup>e</sup> siècle alors que, par exemple, le vaisseau à trois nefs de l'église Notre-Dame fait référence à un autre gothique : celui de l'Escaut, dit scaldéen. La comparaison est intéressante. Le triforium, c'est-à-dire la frise d'arcatures au-dessus des grandes arcades de la nef, est plus massif dans le vaisseau de Notre-Dame et plus effilé dans celui de Saint-Sauveur. L'intérieur renferme un très beau mobilier, dont les plus belles pièces sont exposées au musée de la Cathédrale (voir page 53).

Hors du musée, il convient de mentionner le remarquable jubé poly-

Bruges, l'église Notre-Dame
(à droite le musée Gruuthuse).

chrome de marbre noir et blanc relevant du style baroque et conçu entre 1679 et 1682. Il est surmonté d'une sculpture de Quellin (1682). Les stalles du chœur furent agencées en 1430. Une des plus belles pièces du déambulatoire est l'élégant tombeau de l'évêque Carondelet, orné comme il se doit d'un gisant (XVI<sup>e</sup> siècle). Le transept présente des cartons de tapisserie de van Orley, modèles de celles qui pendent dans le chœur.

### Couvent des Anglais ❸

Il fut fondé par les chanoinesses de Saint-Augustin en 1629. L'église remonte à 1736. Elle est la seule réalisation brugeoise qui possède une véritable coupole d'esprit baroque.

### Eglise des Carmes-Déchaussés ❹

Elle fut élevée entre 1688 et 1691 le long de l'Ezelstraat. Ce bâtiment possède une coupole supportée par des pendentifs. La référence de cette disposition de couvrement est l'église italienne de la Renaissance.

### Eglise de Jérusalem ❺

Cet édifice gothique du XV<sup>e</sup> siècle, d'allure ramassée, bâti en briques, s'agencerait selon un plan inspiré du Saint-Sépulcre à Jérusalem. La curieuse configuration à son campanile (sphère en cuivre, croix de Malte) et des tourelles (soleil et demi-lune) procure à l'ensemble un cachet quelque peu oriental. Le chœur surhaussé, sous lequel se cache une fausse crypte évoquant le Saint-Sépulcre, constitue une

Michel-Ange, *Vierge à l'Enfant* (vers 1505). (Bruges, église Notre-Dame)

autre particularité de l'église. L'intérieur abrite les monuments funéraires des Adornes – riche famille brugeoise qui fit le pèlerinage de Jérusalem. Aujourd'hui encore, les descendants des Adornes sont toujours les propriétaires de l'église. Aux pieds des fondateurs de ce lieu de culte, figurent un lion et un chien, symboles de la force et de la fidélité. Les six beaux vitraux datent de 1482-1562.

## Eglise Notre-Dame ❻

Comprise entre le palais Gruuthuse et l'hôpital Saint-Jean, l'église Notre-Dame est connue surtout pour son immense tour en brique qui domine toute la ville et pour les œuvres d'art qu'elle contient. Mais cette église-musée, dont une partie est encore consacrée au culte, est aussi un témoin de l'évolution du style gothique en Flandre.

Elle fut construite par étapes, en remplaçant progressivement une précédente église romane. Un nouveau vaisseau à trois nefs fut érigé dans la première moitié du XIIIe siècle, contre le chœur roman de l'ancienne église. Ce dernier laissa la place, dans la deuxième moitié du siècle, à un chœur gothique, bâti principalement en brique. Une quatrième nef, dotée d'un chœur gothique rayonnant, fut accolée au collatéral nord en 1344 et une cinquième, en gothique tardif, au collatéral sud en 1474.

La tour, majestueuse, fut érigée de 1270 à 1340 au-dessus d'un bras du transept, construit entre-temps. Avec ses 122 mètres, elle est la plus haute construction de Bruges et le fruit d'une prouesse de l'architecture gothique en brique. Elle est couronnée d'une flèche, ajoutée au XVe siècle et reconstruite deux fois depuis. En 1465, le flanc nord de la tour reçut le portail du Paradis, un petit baptistère en pierre sableuse récemment restauré. La fragilité de ce petit édifice en style gothique tardif tranche nettement par rapport à la masse imposante et sombre de la tour.

Les trois nefs primitives sont caractéristiques du gothique scaldéen, un premier courant provincial que l'on rencontre au début du XIIIe siècle le long de l'Escaut, en Flandre du nord et dans la région côtière, dans lequel sont encore présentes des réminiscences romanes. Il se distingue ici par la façade – lourdement restaurée au début de notre siècle – flanquée de petites tours et animée par des jeux d'arcatures et de niches, les fenêtres triples et, au-dessus des arcades de la nef centrale, un triforium d'esprit roman. Le chœur, par contre, se caractérise par un raffinement et une élégance typiquement gothiques qui s'expriment dans le triforium, les fenêtres, ainsi que par le déambulatoire et les chapelles qui forment un espace unique.

Parmi les objets d'art conservés dans la partie librement accessible de l'église, on remarquera d'emblée dans la nef l'imposante chaire rococo en chêne, achevée en 1743 par Garemijn et le jubé en bois imitant le marbre, datant de 1722, qui sépare la nef du chœur. La croix triomphale date de 1597. Les statues des apôtres contre les piliers sont du XVIIe siècle. Le bas-côté droit contient entre autres plusieurs peintures des XVIe et XVIIe siècles, dont une très belle *Adoration des mages* de Zegers (1630). A l'extrémité du deuxième bas-côté droit, dans la chapelle de la Vierge, on s'arrêtera plus longuement devant la célèbre statue de la *Vierge à l'enfant*, sculptée par Michel-Ange en 1504-1505 et achetée par le commerçant Jan van Moeskroen, qui la légua à l'église en 1514.

Le chœur de l'église, aménagé en musée, abrite plusieurs œuvres de grande qualité, dont les deux mausolées de Marie de Bourgogne (morte en 1482) et de son père Charles le Téméraire (mort en 1477). De ces deux chefs-d'œuvre d'art funéraire, achevés respectivement en 1502 et 1562, le premier est encore de facture gothique, et le deuxième d'esprit Renaissance. Sur l'autel principal, en face des mausolées, est exposé un grand triptyque de la *Passion*, peint en 1535 par l'artiste bruxellois Barend Marcus Gérard en 1561.

Sous le sol du chœur ont été découverts des tombeaux ornés de fresques des XIIIe et XIVe siècles, visibles sous une plaque de verre. Dans la chapelle

Lanchals, à droite du chœur, le tombeau de Pieter Lanchals rappelle la triste fin de ce conseiller de Maximilien d'Autriche, décapité sur le Markt en 1488. Cette chapelle, ainsi que les autres qui s'ouvrent sur le déambulatoire, contiennent de nombreux chefs-d'œuvre de la peinture brugeoise des XVe et XVIe siècles, où se distinguent les noms de Gérard David, André Isenbrant et Pierre Pourbus. Dans le déambulatoire, on admirera également la tribune au riche décor gothique flamboyant que Louis de Gruuthuse fit construire en 1472, avec l'autorisation des autorités ecclésiastiques, pour venir assister aux offices sans quitter son palais.

- *Eglise Notre-Dame*
*Ouverture : du 1er avril au 30 septembre, tous les jours, de 10 h à 11 h 30 et de 14 h 30 à 17 h ; les samedis de 10 h à 11 h 30 et de 14 h 30 à 16 h et les dimanches de 14 h 30 à 17 h.*

## Eglise Saint-Gilles ❼

L'édifice fut élevé au XIIIe siècle dans un style gothique primitif. Entre 1462 et 1479, le bâtiment subit d'importantes modifications : le lieu de culte s'apparenta au type de l'église-halle (trois nefs de même hauteur et non le vaisseau central plus haut par rapport au collatéraux, comme dans une construction basilicale). Le chevet de l'église est très vaste, ce qui pourrait être la conséquence d'une influence des conceptions gothiques brabançonnes. La tour centrale, ancien clocher du transept gothique primitif, impose par sa masse. La façade ouest ressemble à celle de Saint-Jacques.

## Eglise Saint-Jacques ❽

Dès 1239, l'évêque Gautier de Marvis donna une impulsion déterminante à la fondation d'églises nouvelles, profitant du climat politique et économique favorable de Bruges, important lieu d'échange à l'aube du XIIIe siècle. Ainsi, l'église paroissiale Saint-Jacques vit le jour en 1239. Aujourd'hui, vu de l'extérieur, l'édifice impose par sa monumentalité presque austère. L'utilisation de la brique — matériau local — détermine une simplicité des formes là où la pierre permet plus de liberté. De ce point de vue, Saint-Jacques est à distinguer d'églises plus françaises comme Saint-Sauveur ou Notre-Dame.

La tour, dont le premier étage daterait du début du XIVe siècle, présente des similitudes avec celle de Saint-Gilles. Le projet initial (XIIIe siècle) prévoyait une église cruciforme, dont témoignent encore aujourd'hui le chœur latéral nord et la croisée du transept avec l'assise de la tour et le croisillon nord. La spatialité de la croisée du transept est propre à l'art gothique primitif, de même que les chapiteaux dits à crochets. On remarquera les colonnettes en brique des fenêtres ogivales de l'abside. Entre 1459 et 1478, l'église fut agrandie grâce au fonds alloués par les riches marchands brugeois. Ils la dotèrent de trois nefs. L'unique vaisseau primitif fut relégué au rang de collatéral nord. Son élévation prit la forme d'une église-halle caractérisée par trois nefs de même hauteur. Les chapiteaux des supports du vaisseau sont ornés de feuilles disposées en couronne (à comparer avec les chapiteaux à crochets du XIIIe siècle et ceux, encore romans, sculptés en aplat dans la chapelle Saint-Basile de la basilique du Saint-Sang). La voûte centrale du chœur, comme les chapelles latérales, remonte à la fin du XVe siècle et au début du XVIe siècle.

Maître dit de la Légende de Sainte-Lucie, détail de *Sainte-Lucie* (vers 1480). (Bruges, église Saint-Jacques)

Parmi le mobilier intérieur, il faut mentionner la chaire en bois sculptée (1694-1698) et le jubé, riche de marbres polychromes (1629). *Le Couronnement de la Vierge* présenté dans le chœur, est de Cornelis et date de 1517-1522. La chapelle Saint-Antoine renferme un remarquable retable, œuvre du Maître de la légende de Sainte-Lucie, consacrée à la légende de sainte Lucie de Syracuse. Il est daté de 1480. Les passionnés d'architecture y découvriront une vue panoramique de Bruges, d'où émergent les tours de Notre-Dame et de Saint-Sauveur. Ce maître, identifié par Friedländer, exerça à Bruges et peignit dans un style qui se caractérise notamment par des personnages aux allures raides. Il accorde sa prédilection aux premiers plans, décorés de plantes et de fleurs.

## Eglise Sainte-Anne ❾

Son origine est modeste. Elle ne fut sans doute qu'une simple église de campagne installée dans les faubourgs de la ville. Certains auteurs parlent d'elle comme d'une église de village. L'édifice du XVe siècle fut érigé en style gothique tardif (nous ne sommes plus au XIIIe siècle). Son plan initial comprenait une seule nef. Aujourd'hui, le bâtiment est articulé en trois vaisseaux qui, comme la tour occidentale, datent du début du XVIe siècle.

Cependant, le bâtiment souffrit des troubles destructifs du XVIᵉ siècle et fut presque totalement reconstruit entre 1607 et 1622. L'extérieur de l'église frappe par sa sobriété et sa silhouette élancée, caractère encore renforcé par les contreforts qui ceinturent la tour. L'intérieur contraste par l'exubérance de sa décoration baroque, propre à ce début du XVIIᵉ siècle. La voûte fut jetée par-dessus la nef entre 1657 et 1661. Le grand jubé en marbre date de 1626-1628 et les fonts baptismaux remontent à 1630. Les stalles du chœur furent confectionnées en 1640. Le maître-autel (1664) présente des lambris ornés de peintures de style Louis XV datant de 1760-1761, qui composent un remarquable ensemble rococo. L'insolite "disbank" de 1686 servait de point de distribution alimentaire pour les pauvres.

### Eglise Sainte-Walburge ❿

Cet édifice religieux s'impose par son caractère très italien, qui contraste avec les églises gothiques de Bruges. Il fut construit entre 1619 et 1641. Son architecte fut le célèbre jésuite Pieter Huyssens (1577-1637), auteur notamment de Saint-Charles-Borromée à Anvers et de Saint-Loup à Namur. Le monument s'inscrit dans la tradition des églises baroques issue du climat de la Contre-Réforme. Le modèle architectural de référence est l'église du Gésù à Rome.

Sainte-Walburge impose d'abord par sa monumentale façade-écran, articulée plastiquement par les ordres antiques. Les ailes en forme de volutes assurent la transition vers le fronton supérieur aux contours brisés. Rythmé par les trois nefs de sept travées qui le composent, l'espace intérieur est scandé par de majestueuses colonnes toscanes. Les arcades sont frappées d'un vibrant cartouche monumental, tandis que les arcs doubleaux de la voûte reçoivent un décor fleuri modelé en stuc. Le pavement est une composition polychrome en marbre noir et blanc. L'intérieur est dominé par l'imposant maître-autel de Cockx (1643) orné d'une *Résurrection* de J.-B. Suvée (1783). L'élégant banc de communion réalisé par Verbrugghe est composé de panneaux et de médaillons représentant l'eucharistie et des saints. La nef abrite un triptyque de Claeissins le Jeune datant de 1620. La chaire serait une œuvre de

Quellin. Les autels des chapelles latérales sont des créations du milieu du XVIIᵉ siècle.

## II. ARCHITECTURE CIVILE

### Beffroi (voir halles, page 42)

Beffroi (voir halles, page 42)

### Burg ⑪

Situé au centre de Bruges, à proximité du Markt, le Burg constitue le cœur historique et, depuis toujours, le siège du pouvoir politique et administratif de la ville. La place est, avec les édifices qui la bordent, un véritable recueil d'histoire des styles architecturaux. Dans sa diversité, l'ensemble est sans conteste l'un des plus remarquables de Bruges.

C'est à cet endroit, près de la Reie, que Baudouin Iᵉʳ Bras de Fer, l'ancêtre de la dynastie des comtes de Flandre, fit construire son château ("burg"), peu avant 879. D'autres constructions vinrent rapidement s'ajouter à la résidence comtale, formant un noyau protégé par une

Bruges, le burg
(détail de façade).

enceinte, et entouré par les eaux de la Reie. Cet ensemble fortifié, agrandi et remanié à plusieurs reprises au cours des siècles, subsista comme une ville dans la ville jusqu'au XVIIIᵉ siècle, lorsque les murs d'enceinte furent démantelés. L'imposant château comtal, qui occupait le côté occidental de la place, fut par la suite transformé en tribunal, puis en prison communale, avant d'être démoli au XVIIIᵉ siècle.

Les édifices qui font aujourd'hui la gloire du Burg comptent parmi les plus importants de Bruges : la basilique du Saint-Sang avec sa chapelle inférieure en style roman, le magnifique hôtel de ville gothique, l'ancien greffe civil en style Renaissance, et l'ancien palais du Franc de Bruges (aujourd'hui centre administratif de la ville), avec sa façade classique du XVIIIᵉ siècle, occupent les côtés sud et est de la place. Vers le nord, à droite de l'élégant édifice baroque de la prévôté, la place ombragée de tilleuls marque l'endroit qu'occupait depuis le IXᵉ siècle l'église Saint-Donatien. Ce modeste édifice fut remplacé au XIIᵉ siècle par une imposante construction romane, flanquée d'un complexe

Bruges, la place du Burg
depuis le beffroi.

monacal. Elle disparut à son tour après avoir été vendue aux enchères en 1799. Le tracé du plan octogonal de l'église carolingienne — inspiré de la chapelle palatine de Charlemagne à Aix-la-Chapelle — a été marqué sur le sol par des pierres de couleur, après des fouilles archéologiques effectuées en 1954-1955. La maquette, disposée sur un socle constitué de pierres de cet ancien édifice, en donne une restitution conjecturale. Une plaque rappelle l'assassinat en 1127 dans l'église du comte Charles le Bon. Sous les arbres, la grande sculpture en bronze des *Amants*, œuvre de Stefaan Depuydt, fait allusion aux couples dont les destins s'unissent en face, à l'hôtel de ville...

## Cour Bladelin ⓬

Le présent monument (Naaldenstraat, 19) est l'œuvre de deux propriétaires successifs du XVᵉ siècle. Pierre Bladelin, trésorier de l'ordre de la Toison d'or et Pierre de Médicis, Florentin, qui fit agrandir vers 1466 la demeure bâtie par son prédécesseur au début du siècle. Elevé en briques en réservant la pierre blanche pour les encadrements, l'édifice possède une tourelle élégamment décorée d'arcatures ourlées de trilobes. Le remarquable préau fut agencé au début du XVIᵉ siècle. Un des médaillons représente le buste de Laurent de Médicis. L'hôtel fut restauré au XIXᵉ siècle. Aujourd'hui, il abrite une maison de retraite et un couvent.

• Cour Bladelin
19, Naaldenstraat.

*Visite de la cour intérieure : du 1ᵉʳ avril au 30 septembre, tous les jours de 10 h à 12 h et de 14 h à 17 h*

*(les dimanches et jours fériés, de 10 h 30 à 12 h) ; le reste de l'année, de 10 h à 12 h et de 14 h à 16 h.*

## Ancien greffe civil Ⓑ

Serré entre l'hôtel de ville et l'ancien palais du Franc de Bruges, au Burg, cet admirable édifice est le plus ancien exemple d'architecture Renaissance à Bruges. Il a été construit en 1534-1537 par l'architecte brugeois Christiaan Sixdeniers, d'après les plans d'un autre architecte local, Jan Wallot. Sa façade en pierre, de pur style Renaissance flamande avec ses demi-colonnes surmontées de frises décorées d'arabesques et les trois pignons à volutes enrichis de bas-reliefs et de statues, n'exclut pas quelques réminiscences gothiques, comme le portail d'entrée, les fenêtres à meneaux et la hauteur des pignons aux bords ornés de petits crochets.

Les sculptures en bronze actuelles, qui ont remplacé au XIXᵉ siècle celles d'origine perdues à la Révolution, représentent des sujets bibliques et juridiques. En empruntant le passage voûté qui s'ouvre dans la façade, on peut admirer à l'arrière du bâtiment une jolie tribune, également ornée de statues.

## Halles et beffroi

Le XIIIᵉ siècle, moment de grand essor commercial pour Bruges, voit l'accroissement rapide de la population et, par conséquent, la construction de nombreux édifices religieux et civils. L'édification des halles et du beffroi, sur le Markt, scelle d'un côté la vocation de la ville comme centre d'échanges, de l'autre la puissance croissante du gouvernement commu-

nal, qui y prenait ses décisions avant l'existence d'un véritable hôtel de ville.

Les halles et le beffroi ont été construits par étapes. La façade principale des halles remonte au milieu du XIIIᵉ siècle, tandis que les ailes latérales et arrière — dont les arcades accueillaient jadis un marché couvert — furent ajoutées respectivement aux XIVᵉ et XVIᵉ siècles. La base carrée du beffroi, en gothique primitif, fut construite de 1282 à 1296 à la place d'une tour en bois, détruite par un incendie en 1280 avec toutes les archives de la ville qu'elle contenait. Le deuxième étage fut ajouté vers le milieu du XIVᵉ siècle et la lanterne octogonale, en grès, de 1483 à 1487. La flèche en bois qui coiffait l'ensemble, détruite en 1493 et en 1741 par des incendies, ne fut plus reconstruite après cette date. La tour, avec ses 88 mètres de haut, est un repère dans toute la ville.

L'ensemble, qui est d'une grande homogénéité architecturale (la lanterne octogonale mise à part), constitue un des plus importants édifices civils gothiques en Europe. Sa sévérité est atténuée par le jeu délicat des détails ornementaux : les arcades qui rythment le rez-de-chaussée, les fenêtres ogivales à remplages, le crénelage qui couronne la façade, les échauguettes et les arcatures de la tour animent les surfaces et allègent l'aspect massif de l'architecture.

Au fil des 366 marches qui mènent au sommet du beffroi, on visitera l'ancienne trésorerie (deuxième étage) où sont exposés plusieurs objets relatifs à l'histoire du monument, ainsi que les très belles grilles du XIIIᵉ siècle en fer forgé, protégeant les coffres qui contenaient les chartes de la ville ; aux étages suivants, outre la cloche de la Victoire (1680) provenant de l'église Notre-Dame, on pourra détailler le mécanisme du carillon, composé de quarante-sept cloches datant, pour certaines d'entre elles, de 1748. Du sommet, la vue splendide sur Bruges et le plat pays environnant récompensera le visiteur de son effort...

• Beffroi
7, Markt
Tél. : 050/44.87.11.

*Ouverture : du 1ᵉʳ avril au*

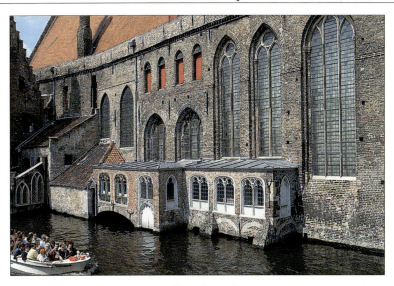

Bruges, l'hôpital Saint-Jean.

*30 septembre, tous les jours, de 9 h 30 à 17 h ; le reste de l'année, de 9 h 30 à 12 h 30 et de 13 h 30 à 17 h.*

### Hôpital Notre-Dame-de-la-Poterie ⓮

Ce très ancien hospice, dont l'histoire remonte au XIIIᵉ siècle, héberge un musée de la poterie décrit dans la partie du guide consacrée aux musées (page 61). De l'hospice, seule l'église peut se visiter. La façade de ce lieu de culte s'articule en trois pignons datant du XVIᵉ siècle (à gauche), de 1358 (au centre) et de 1653 (à droite). L'intérieur justifie la visite pour la beauté de son mobilier : le jubé en marbre date de 1664 ; sur l'autel de droite est exposée une Vierge de 1292.

Une cérémonie religieuse traditionnelle se déroule chaque 15 août, lors de l'arrivée devant l'église d'une procession apportant une offrande (un cierge de 36 livres) à Notre-Dame-de-la-Poterie, en souvenir d'une guerre du début du XIVᵉ siècle. Comme l'hôpital Saint-Jean, cet hospice hébergeait initialement les pauvres, pour s'occuper dès le XVᵉ siècle des vieillards, vocation qu'il a encore aujourd'hui.

### Ancien hôpital Saint-Jean ⓯

Le complexe de l'ancien hôpital Saint-Jean, qui s'étend face à l'église Notre-Dame, est un but de visite incon-

tournable pour plusieurs raisons. Cette institution de bienfaisance, parmi les plus anciennes d'Europe, est à l'origi-

Bruges, le beffroi depuis la Cour provinciale.

ne du premier édifice gothique primitif de Bruges et accueille en outre le célèbre musée Memling, dont les collections comptent aussi bien les quelques chefs-d'œuvre universellement connus du peintre qu'un en-

43

semble exceptionnel de sculptures, meubles et autres œuvres d'art relatives à l'histoire et aux activités de l'ancien hôpital (description du musée page 58).

Les bâtiments, érigés à différentes époques, portent la marque de leur temps malgré les restaurations ultérieures. Le noyau le plus ancien, datant du début du XIIIe siècle, est la vaste salle située au centre des trois actuellement existantes, dont les façades donnent sur la Mariastraat et sur la cour intérieure de l'hôpital. On remarquera le caractère roman des deux façades centrales à l'ouest et à l'est, construites en brique et pierre, dont le jeu des larmiers, ainsi que la forme et la disposition des fenêtres, contribuent à accentuer l'impression d'horizontalité. Par contre, les deux salles latérales au nord et au sud — accolées à la précédente respectivement à la fin du XIIIe et au début du XIVe siècles — témoignent de la percée du gothique, par leurs façades où les fenêtres disposées en travées et les contreforts démontrent nettement la volonté de verticalité.

A la fin du XIIIe siècle, on plaça contre la façade est de la salle centrale le portail de la Vierge, exemple rare de sculpture monumentale gothique en Flandre, inspiré de la grande tradition française. Les scènes inférieures (la mort de la Vierge et l'Assomption) sont d'origine, bien que restaurées, tandis que le médaillon supérieur (la Vierge sur le trône) et la grande statue au trumeau sont du XIXe siècle.

Ce premier complexe d'édifices fut flanqué, à partir du début du XIVe siècle, par le bâtiment du couvent des Frères (le long de la Mariastraat), complété au XVIe siècle par un cloître, une chapelle et des maisons. C'est dans cette aile que fut aménagée au XVIIe siècle la célèbre pharmacie, qui fonctionna jusqu'en 1971 avant d'être intégrée au musée.

L'église qui jouxte les salles des malades fut bâtie, elle, au XVe siècle. Ces salles possèdent un intérieur sobre et monumental, coiffé de remarquables charpentes en chêne qui remontent au gothique primitif. Elles ont accueilli des malades jusqu'en 1864, jusqu'à ce que l'évolution de la médecine et le besoin de nouvelles infrastructures techniques nécessitent

la construction de nouveaux locaux. Une importante extension fut réalisée à partir de 1857 par l'architecte Allerweireldt. Ces bâtiments en brique sont très sobres mais non dénués d'élégance. Ils accueillent depuis 1976, année du déménagement définitif de l'hôpital à l'extérieur de la ville, un centre de congrès et d'expositions.

### Hôtel de Pittem

Cet hôtel monumental a été construit en 1549 dans un style Renaissance encore perceptible aujourd'hui, malgré les transformations ultérieures. En effet, la façade de l'aile principale, s'articulant autour d'un portail du XVIIIe siècle, conserve encore son horizontalité, ses jeux de bossages et l'alternance des frontons triangulaires et courbes qui font penser à l'architecture italienne. L'édifice subit des transformations en 1740 pour accueillir un séminaire, et au XIXe siècle, lorsqu'il devint palais épiscopal.

### Hôtel de ville

Ce vaste édifice aux allures d'écrin de pierre ouvragé attire d'emblée le regard, dès que l'on parvient au Burg. Témoin emblématique, il rappelle la période la plus prospère du brillant passé brugeois et constitue un jalon important de l'histoire de l'architecture gothique en Belgique. Sa construction, entamée en 1376 sous le règne de Louis de Male, dernier comte de Flandre, fut achevée en 1421. Elle marquait la progressive passation des pouvoirs du comte aux organes communaux et l'installation définitive de ces derniers au Burg.

Mais cet édifice témoigne aussi de la maturité atteinte à Bruges en cette fin du XIVe siècle par le courant gothique, assimilé lentement à partir du début du XIIIe siècle. En outre, en tant que premier exemple d'hôtel de ville monumental, il est le prototype d'une série d'édifices analogues, bâtis aux XVe et XVIe siècles dans plusieurs villes flamandes et brabançonnes.

Ses lignes, d'une grande élégance, annoncent l'extrême raffinement du gothique flamboyant. Tout, dans cet édifice, suggère l'élan vertical et la légèreté. Les fenêtres hautes et étroites se terminent par des arcs brisés ornés de fins remplages. Les pans de mur entre les ouvertures sont déco-

rés de quarante-huit statues représentant les comtes et comtesses de Flandre. Les sculptures ne sont malheureusement plus celles d'origine, détruites en 1792, mais des copies effectuées à partir des années soixante. Entre les fenêtres du premier et du deuxième étage, on remarquera les vingt-quatre blasons polychromes portant les armes des villes qui formaient le Franc de Bruges.

La façade, qui ressemble au côté richement décoré d'une châsse, se termine en une frise d'arcatures et une rangée de petits créneaux ciselés, tout en se prolongeant par trois tourelles polygonales coiffées d'une flèche pointue que l'on retrouve également à l'arrière du bâtiment. Les restaurations effectuées en 1853 et en 1959 n'ont heureusement pas altéré son aspect général, comme on le constate trop souvent ailleurs.

L'intérieur abrite également quelques trésors. La salle des pas perdus (rez-de-chaussée) présente, outre des peintures historiques du XIXe siècle et des portraits, une série remarquable de dix consoles en pierre du XIVe siècle, sculptées pour la façade de l'hôtel de ville par l'artisan Jean de Valenciennes. Mais l'espace le plus richement décoré est la salle gothique, au premier étage. Elle est couverte d'une magnifique voûte en bois à pendentifs, exécutée entre 1380 et 1401. On remarquera les douze médaillons de bois et les quadrilobes ponctuant la voûte, représentant des scènes de la vie de la Vierge et du Christ, ainsi que des figures de prophètes et de saints. Les seize consoles en pierre soutenant les nervures de la voûte montrent des scènes paysannes et mythologiques symbolisant les douze mois et les quatre éléments. La salle contient en outre plusieurs peintures murales du XIXe siècle évoquant l'histoire de la ville. La salle historique, qui s'ouvre à côté, propose une intéressante collection d'objets et documents relatifs à l'économie et au commerce à Bruges, ainsi que des cartes géographiques.

● Hôtel de ville
12, Burg
Tél. : 050/44.87.11.

*Ouverture : du 1er avril au 30 septembre, tous les jours, de 9 h 30 à 17 h ; le reste de l'année, de 9 h 30 à 12 h 30 et de 14 h à 17 h.*

## Loges des nations étrangères

Durant le Moyen Age, et principalement au XVe siècle, la Venise du Nord entretenait un commerce florissant en direction du bassin méditerranéen. Des relations économiques se tissèrent avec l'Orient via Venise et Gênes. Au nord du Markt s'étendait le quartier des marchands italiens et hanséatiques. Ils y établirent leurs loges et de nombreuses hôtelleries s'y développèrent pour accueillir les voyageurs.

## Loge des Bourgeois 🔞

Aussi dénommée Poorter's Loge, ce bel édifice remonte au XVe siècle. Le monument tire son nom de sa fonction de lieu de réunion pour les "poorters", autrement dit les bourgeois bien nantis. Certains d'entre eux peuvent même se targuer de posséder leur statue dans les niches qui ornent les façades du bâtiment. La porte d'entrée de l'Academiestraat est de style classique. Encadrée de pilastres, elle est coiffée d'un cartouche rocaille. Malheureusement incendiée en 1755, la loge fut restaurée en 1899-1903. Le visiteur attentif distinguera notamment sur la tour les traces de maçonneries plus anciennes.

## Loge des Gênois

La loge des Gênois est implantée dans le quartier hanséatique de Bruges. Ce secteur marchand fut sans aucun doute l'un des plus cosmopolites de la ville médiévale. Plusieurs "maisons-nations", édifiées par les représentants des centres avec lesquels Bruges commerçait y furent construites, mais seul le siège des Gênois fut parfaitement conservé jusqu'à nous. Ce monument construit en grès — aujourd'hui très érodé par la pollution malgré la restauration de 1970 — s'articule en deux parties : l'aile commerciale datant de 1399 et la demeure du consul de Gênes, implantée à l'arrière, érigée en 1441. L'édifice fut surmonté au XVIIIe siècle d'un pignon en cloche à couronnement cintré. La porte d'entrée est ornée d'un ensemble d'éléments décoratifs, dont l'agencement rappelle le style gothique brabançon. Le tympan historié figure saint Georges (patron de Gênes) terrassant le dragon. Un ange présente les armoiries de la République méridionale.

## Loge des Pynders

Cette petite demeure est la loge des portefaix chargés de porter divers fardeaux, notamment lors du débarquement des marchandises. Ce bâtiment remonte aux environs de 1470.

## Maisons-Dieu

La maison-Dieu est un des quatre types d'habitations médiévales identifiées par les historiens d'art. Il s'agit d'habitations fondées à l'initiative de riches familles brugeoises ou de guildes, dans le but d'offrir aux personnes défavorisées un modeste logement. Les noms des maisons-Dieu correspondent à ceux des généreux do-

Bruges, Maison-Dieu
Saint-Joseph.

nateurs. Elles se présentent le plus souvent comme un ensemble de petites habitations modestes, ne possédant pas d'étage et s'étendant en long par rapport à la rue. Parfois, les maisons-Dieu sont agencées autour d'un jardin intérieur. Les plus anciennes de ces habitations ne remontent pas au-delà du XVe siècle. Elles ont conservé au cours de l'histoire leur caractère de fermes urbaines et ne laissent que timidement s'exprimer des influences renaissantes (arc en anse de panier) ou baroques.

## Maison-Dieu De Meulenaere 🔞

Cette maison-Dieu (Nieuwe-Gentweg) date de 1613. L'ensemble des maisonnettes blanches et vertes est agencé autour d'un jardinet intérieur que vous pouvez visiter. Tout y respire le calme, loin des agitations de la ville.

## Maison-Dieu De Vos 🔞

Cet ensemble de maisonnettes (Noordstraat, 4-11) fut érigé en 1713. Il est enrichi de la présence d'une chapelle dont la façade témoigne du style baroque (1723).

## Maison-Dieu de La Fontaine 🔞

Cette maison (Zwarte-Leertouwerstraat, 68-82) remonte à 1637 et cache un jardin intérieur bordé d'une chapelle dont la façade est de style baroque.

## Maison-Dieu Le Pélican 🔞

Cette maison-Dieu (Groene-Rei, 8-12) fut fondée par van Beversluys en 1634, mais le bâtiment fut reconstruit

4. D'après un tableau de Pierre Pourbus, de 1551, conservé au Musée de l'Académie à Bruges.

1, 2 et 3 Partie supérieure de hautes maisons, quai du Miroir, d'après un tableau du XVIIIᵉ siècle, conservé au Musée Archéologie de

H. Hoste, dessin extrait de *l'Art des façades à Bruges* (1902).

entre 1707 et 1708. Son portail est structuré par un encadrement harpé surmonté d'un bas-relief figurant un pélican.

## Maison-Dieu Saint-Joseph ㉓

Ce complexe de maisonnettes (Nieuwe-Gentweg) remonte à 1634. On y remarquera l'agencement caractéristique des maisons-Dieu et de leurs toilettes, autour d'un petit jardin plongé dans une atmosphère tenant de la maison de poupée pour son pittoresque et du cloître par sa quiétude.

## Maison-Dieu des Tailleurs ㉔

Elle fut édifiée en 1756 (Oude-Gentweg, 126-130) dans le style baroque tardif que l'on nomme rococo, comme en témoignent les pilastres à refends et le cartouche. D'autres maisons-Dieu sont à signaler, comme celle sise Moerstraat datant de 1423 et celle établie dans la Leffingestraat (Nᵒˢ 7-9-11) bâtie en 1663, dont la niche, coiffant le portail principal, contient une statue de saint Paul.

## Maisons particulières

### Belles façades de Bruges

Le développement du plan de la façade de la maison bourgeoise apparaît comme l'une des particularités de l'architecture des villes de Flandre. Le parcellaire étroit et profond de la ville médiévale est fragmenté par le tracé sinueux des ruelles, bordées d'habitations à pignon. La résistance de cette typologie architecturale à travers l'histoire est étonnante. Elle se met en place au début du Moyen Age, connaît un essoufflement durant le classicisme de la fin du XVIIIᵉ siècle pour être revalorisée peu de temps après par le néogothique, avant d'être abandonnée par les avant-gardes du début du XXᵉ siècle et reconquise par les postmodernes. En témoignent les réalisations récentes le long du Langerei. Seul l'architecte Bob van Reeth semble vouloir s'en détacher (sur le Gotje, à droite en venant des quais).

La persistance des pignons flamands, qu'ils soient droits, à gradins, à volutes ou en cloche, gothiques ou baroques, traduit une conception typiquement flamande de l'espace urbain

qui se distingue du principe italien de la perspective. En Flandre, c'est la conception d'un espace comme milieu ambiant qui prédomine. Le pignon est tourné vers l'extérieur et apparaît comme un écran posé devant l'espace intérieur du bâtiment et indépendamment de lui. Le plan de la façade peut alors accueillir un riche vocabulaire décoratif, dont l'exubérance et parfois la dissymétrie ne sont jamais soumises aux lois de la perspective italienne, qui n'accorde pas la même autonomie ornementale aux murs des palais italiens des XIVᵉ et XVᵉ siècles.

### Maisons en bois

Les façades en bois se font de plus en plus rares dans la Bruges actuelle. Celle du Genthof (nᵒ 7), à double encorbellement, agencée entre deux murs latéraux en brique, pourrait remonter au XVᵉ siècle. A l'origine, ces habitations en bois étaient recouvertes d'un toit de chaume. Mais dès le XVᵉ siècle, une réglementation visant à réduire le risque d'incendie obligea les propriétaires à utiliser des tuiles pour couvrir leurs demeures et à faire usage de la pierre et de la brique pour élever leurs murs. La maison en bois du Korte-Winkel est une modeste habitation bourgeoise datant du XVIᵉ siècle. Cependant, elle témoigne encore de la tradition architecturale médiévale. Les planches sont disposées verticalement et l'élévation est rythmée par trois encorbellements. La demeure en bois du Vlamingstraat (nᵒ 36) présente encore une façade en bois de 1542. Mais le bâtiment fut reconstruit il y a peu. Le double portrait de Pieter Pourbus, exposé au musée Groeninge, nous montre cette maison dans sa configuration d'origine, avec ses pilastres et ses médaillons.

### Façades relevant de conceptions romanes

Parmi les façades de Bruges celles, occidentales et tripartites (début du XIIIᵉ siècle), de l'hôpital Saint-Jean laissent encore apparaître plusieurs éléments de leur composition romane par le matériau (pierre de Tournai notamment), fenêtres et larmier de la façade de droite renforçant l'horizontalité (le style gothique recherchera la verticalité). La façade à pignon de la Hoogstraat (nᵒ 36) offre un bel exemple de construction du XIVᵉ siècle. Bien que restauré, l'édifice présente encore des fenêtres encadrées par des arcs cintrés. Celles-ci se développent tant horizontalement que verticalement, comme plus tard dans le monde gothique (maison De Heps, Spanjaardstraat, 5).

## Façades gothiques

La typologie de la façade écran (schermgevel) — à distinguer du simple pignon — apparaît à partir de la fin du XIVe siècle. Un des beaux exemples de ce principe nous est offert par la maison Ter Buerse (une des plus anciennes bourses du monde), qui témoigne d'une volonté évidente de verticalité. Elle date du XVe siècle (voir aussi la Zwarthuis sur la Kuiperstraat juste derrière le théâtre, du XVe siècle). Une autre tendance gothique consiste à agencer les fenêtres les unes au-dessus des autres et à les enchâsser dans des niches couronnées par un arc cintré ou brisé. La première mention de cette disposition remonte à la fin du XIVe siècle (façade de l'hôtel de ville). La maison sise Vlamingstraat (no 11) comporte un pignon à rampants et des décorations basées sur des motifs d'arcs en accolade. La maison De Croone offre un bel exemple de pignons à rampants en brique datant du XVe siècle (voir également la maison de Vasquez, 1468, Zilverstraat, no 38 et Spiegelrei, no 23).

L'ornementation des façades avec des remplages de motifs d'entrelacs en brique caractérise le style gothique. La façade sur la Reie du palais de Gruuthuse (deuxième quart du XVe siècle) est circonscrite par un grand arc brisé (souvenir des façades en bois). Les fenêtres superposées sont reliées les unes aux autres par des remplages animés de jeux de brique et s'inscrivant dans trois grandes bandes verticales. Le style gothique dans sa phase tardive continua à influencer les architectes, même si la Renaissance prédominait. Les façades de la Pourbusstraat (nos 3-7) et de la Molenmeers (no 32), bien qu'édifiées vers 1530, présentent encore de très beaux remplages propres au gothique tardif.

## Façades influencées par la Renaissance

Cette maison de la guilde des Cordonniers (Steenstraat, 40) fut bâtie vers 1527. Elle possède encore ses façades d'origine. Les niches de travées ne sont plus accolées comme dans le gothique tardif, mais rassemblées au sein d'une même grande niche délimitée par un arc, selon l'esprit renaissant du XVIe siècle. Lorsque les fenêtres possèdent chacune leur propre encadrement — comme c'est le cas pour les constructions gothiques — l'effet de verticalité est accentué. La Renaissance cherche au contraire à exprimer un équilibre plus horizontal.

La maison des Maçons (Steenstraat, 25) fut érigée en 1621. Elle témoigne parfaitement du style Renaissance, notamment par l'utilisation des ordres (pilastres). La façade est le prototype brugeois du pignon bordé d'ailerons à volutes. Curieusement, la demeure est encore décorée d'entrelacs (tympans des fenêtres supérieures), comme si l'architecte n'avait pas pu renoncer aux conceptions gothiques tardives. Par contre, le cartouche au sommet du pignon est baroque.

Boomgaardstraat (no 3), la construction est enrichie par un porche renaissant daté de 1550. Il fait référence au modèle antique de l'arc de triomphe (une inspiration qui n'est assurément plus gothique) ; on remarquera les génies ailés dans les écoinçons. Oude-Burg (no 33) est implanté un immeuble dont la façade est une des plus italiennes de Bruges. Le style de l'édifice est renaissant, comme en témoignent les frontons triangulaires et bombés, les médaillons et le pignon flanqué de volutes. Aucun principe de la composition ne rappelle le gothique.

## Façades influencées par le mouvement baroque

L'hôtel de Gistel (Naaldenstraat) recèle un portail encadré par des bossages, quil fut agencé vers 1600. On peut le considérer comme l'un des prototypes des porches baroques à Bruges. L'ancien mont-de-piété (Lange-Rei, no 8) remonte au XVIIe siècle. Son portail est typiquement baroque et le tympan, œuvre de Pieter Bral, représente la Charité. La figure se déploie dans un vaste cartouche rococo très animé (1748-1753).

**Bruges, les façades du Spiegelrei.**

**Bruges, façade Steenstraat.**

La remarquable façade du Predikherenstraat (nº 75) date de 1692. Elle frappe par son portail au traitement décoratif très plastique et le développement ornemental de son pignon chantourné. Par leur dynamisme, les formes ne sont plus de style renaissant mais bien baroque et rien ne rappelle les créations gothiques (voir aussi le numéro 13 de la Lange-Rei datant de 1716 et la maison des Menuisiers et Charpentiers, 1764-1765 en style rococo, au numéro 38, Steenstraat).

**Façades néoclassiques et XIXᵉ siècle**
L'hôtel particulier sis Sint-Maartenplaats (nº 5), datant de 1778-1781, offre un remarquable exemple de façade Louis XVI dominée par les quatre pilastres ioniens, supportant un fronton très antique. Le salon est orné de cuir de Malines de style pompéen, autre manifestation de ce retour à l'Antiquité vraie, par-delà le monde baroque et renaissant.

La maison Arents possède une façade latérale côté jardin de style Empire (vers 1800), dont le portique est soutenu par des colonnes aux chapiteaux en feuilles de palmier d'inspiration égyptienne, souvenir de l'expédition de Bonaparte en Egypte (voir aussi le chapitre consacré aux musées de ce guide, page 52). De manière générale, on admirera de très belles façades néoclassiques le long du Dijver : numéros 7 (1775), 9 (vers 1750), 10-11 (début XIXᵉ siècle), 13

*Eugeen Karel Legendre,* la Reie et le palais du Franc-de-Bruges *(fin XIXᵉ siècle).*

(1840)... Parmi les façades éclectiques, mentionnons à l'angle de la Eiermarkt et de la Geldmuntstraat un ensemble millésimé 1860 néo-Renaissance et les numéros 6-8 O.L.V.-Kerkhof-zuid qui laissent apercevoir timidement quelques influences Art nouveau.

## Markt ㉕

Comme dans de nombreuses autres villes flamandes, le Markt est le cœur de la cité. C'est sur cette vaste esplanade que se sont égrenés pendant des siècles les événements rythmant le quotidien des Brugeois — le marché, les rassemblements politiques, les tournois, les festivités ou les exécutions capitales — et qu'ont eu lieu les principaux faits historiques, comme les fameuses Matines brugeoises, en 1302.

Les édifices qui bordent la place se démarquent, comme sur le Burg, par leurs styles différents, tout en se fondant dans un ensemble harmonieux. Six siècles séparent les halles et leur beffroi des fantaisies néogothiques du palais provincial et de la poste centrale, tandis que de nombreuses façades retracent l'évolution de l'architecture civile du XVᵉ au XIXᵉ siècle. La haute façade-écran surmontée d'un cadran anémoscope de l'hôtel de Bouchoute (numéro 15), au coin de la Sint-Amandstraat, remonte au XVᵉ siècle, alors que de l'autre côté de la rue, la maison dite de Craenenburg, du XIVᵉ siècle, a reçu une façade néogothique dans les années 1950 : les bourgeois de Bruges y emprisonnèrent Maximilien d'Autriche en 1488. Au nord, la place est bordée de maisons du XVIIᵉ siècle, avec leurs pignons à gradins. Certaines d'entre elles appartenaient à des guildes, comme la maison de la

Bruges, à l'angle de Sint-Amandstraat et du Markt.

corporation des Couvreurs (nº 28), à la façade baroque de 1662 surmontée d'un panier. Au milieu de la place, les statues de Jan Breydel et Pieter de Coninck, héros de la révolte de 1302, semblent contempler le vaste parking qui défigure cet espace d'exception. Elles ont été réalisées en 1887 par le sculpteur gantois Devigne. ●

## Moulins à vent 26

Non loin du Kruisvest, s'étirent encore gracieusement les ailes de trois beaux moulins à vent. Ces constructions remontent au XVIIIe siècle. Seul le moulin de Saint-Jean est encore en activité et peut se visiter. La machinerie bien conservée impressionne. Au XVe siècle, ce sont les ailes de près de vingt-cinq moulins qui fendaient l'air.

• Moulin Saint-Jean
  Kruisvest
  Tél. : 050/44.87.11.

Ouverture : du 1er mai au 30 septembre, de 9 h 30 à 12 h et de 12 h 45 à 17 h.

## Ancien palais du Franc-de-Bruges 27

Bordant le côté est du Burg, cet édifice monumental occupe partiellement l'emplacement d'un palais précédent, construit à partir de 1520 sur les plans de l'architecte Jan Van de Poele et dont ne subsistent plus que les façades méridionales en style gothique tardif, donnant sur le Steenhouwers-

dijk. Il était destiné à abriter le gouvernement du Franc de Bruges, la vaste entité regroupant les villes et villages vassaux de Bruges.

Le bâtiment actuel, palais de justice jusqu'en 1984 et ensuite centre administratif communal, a été érigé entre 1722 et 1727 par l'architecte Jan van der Cruyce. Il arbore une façade classique extrêmement sobre, que seul le portail central à colonnes rattache au baroque. Une fois ce dernier franchi, on accède à une belle cour intérieure et aux différents services — entre autres l'office du tourisme — qu'accueille l'ancien palais.

Le musée, installé dans l'ancienne salle échevinale faisant partie du palais du XVIe siècle, justifie certainement le détour. On y admirera, outre des tableaux historiques, des portraits et des tapisseries, la célèbre cheminée monumentale de Charles Quint. Ce chef-d'œuvre de la première Renaissance flamande fut exécuté par différents artistes de 1528 à 1531, sous la direction du grand artiste brugeois Lancelot Blondeel. Conçue à la gloire de l'empereur Charles Quint, en marbre noir, la cheminée est surmontée d'une remarquable frise en albâtre représentant l'histoire biblique de la chaste Suzanne, et d'une vaste composition en chêne accueillant plusieurs statues de l'empereur et de ses aïeuls, dans un décor de blasons et d'arabesques.

• Musée de l'ancien palais du Franc-de-Bruges
  11, Burg
  Tél. : 050/44.82.60.

Ouverture : tous les jours, sauf le lundi, de 10 h à 12 et de 13 h 30 à 17 h.

Bruges, Sint-Janshuysmolen.

Bruges, vue depuis la loggia du musée Gruuthuse

Anvers, s'ouvraient aux courants Art nouveau et Arts déco.

A cet endroit s'élevait depuis le XIIIᵉ siècle l'énorme halle aux Draps, qui enjambait la Reie — aujourd'hui voûtée — en permettant aux bateaux de charger et décharger leurs marchandises. De cet important édifice, démoli en 1786, ne subsistent que deux piliers en pierre, actuellement dans le jardin de la maison Arents.

### Place Jan-Van-Eyck 30

La Jan-Van-Eyckplaats fut au centre de toute les transactions marchandes de ce quartier commercial de Bruges. Elles est bordée de nombreux édifices, qui ont conservé leur aspect médiéval. Au milieu de l'esplanade se dresse une statue, œuvre de Pickery remontant à 1878, figurant le célèbre peintre Jan Van Eyck. La vue vers les canaux est une des plus belles échappées de Bruges. Le Genthof qui débouche au nord est flanqué de quelques belles demeures anciennes (description page 46). Au sud-ouest se dresse la loge des Bourgeois (description page 45).

### Ponts de Bruges

A Bruges, comme dans toutes les "Venises" du monde, le pont est roi. Les différents canaux formés par la Reie sont en effet enjambés par environ quatre-vingts ponts. S'il ne reste logiquement aucune trace des premiers ponts en bois employés à Bruges depuis les origines jusqu'au XIVᵉ siècle, la ville a cependant conservé quelques-uns de ses premiers ponts en pierre, éminemment romantiques dans leur décor de vieilles bâtisses en briques et d'eau verte immobile.

Le pont des Augustins 31 (construit en 1391) repose sur trois arches dont les claveaux, alternativement clairs et sombres, créent un effet décoratif. Des commerçants s'installaient avec leurs marchandises le long des parapets, comme en témoignent les étals en pierre encore présents. On retrouve cette caractéristique sur le Vlamingbrug 32. Parmi d'autres ponts de la même époque, on peut citer le Sleutelbrug 33, le Meebrug 34 et le Torenbrug 35. Les deux derniers furent construits à la fin du XIVᵉ siècle par Jan van Oudenaarde, le célèbre maître-maçon qui travailla également au beffroi.

### Palais Gruuthuse 28

Ce remarquable édifice, auquel on accède par un portail monumental sur le Dijver, est sans doute la plus importante maison seigneuriale gothique de Bruges. Il doit son nom à la puissante famille Van Brugghe, qui détenait le monopole de la vente de la "grute", mélange de plantes et fleurs séchées employé pour la fabrication de la bière au Moyen Age. Vers 1425 Jan Van Brugghe-Van der Aa, issu de cette famille qu'on appelait les "seigneurs de Gruuthuse", entama la construction d'une luxueuse résidence sur la Reie. Elle correspond à l'aile orientale de l'actuel palais, dont la façade sur le cours d'eau, animée par une ample arcade et par des remplages, est une belle réussite de l'architecture gothique. L'aile sud de la demeure fut érigée dans la deuxième moitié du XVᵉ siècle par le fils de Jan, Louis de Gruuthuse, diplomate, mécène, humaniste et chevalier de la Toison d'or, dont la devise, "Plus est en vous", se retrouve sur le portail d'entrée en gothique flamboyant et à d'autres endroits de l'édifice. C'est également à lui que l'on doit la tribune reliant le palais au chœur de l'église Notre-Dame. N'ayant subi que peu de modifications par la suite, elle garde pratiquement intact son intérieur en gothique tardif.

Vendu au roi d'Espagne Philippe II, transformé ensuite en mont-de-piété, le palais fut acheté en 1875 par la Ville afin d'y établir un musée archéologique. Celui-ci ouvrit ses portes après une importante campagne de restauration dirigée par l'architecte De la Censerie, achevée en 1898.

### Palais provincial 29

Le côté oriental du Markt est occupé par les édifices néogothiques du palais provincial et de la poste centrale, érigés de 1887 à 1921 d'après les plans des architectes brugeois Louis De La Censerie et René Buyck. L'extension, à gauche du palais provincial, date de 1926. Leur style — gothique flamboyant pour le palais provincial, plus sobre pour la poste — est typique du parti historiciste encore en vigueur à Bruges pendant les premières décennies du XXᵉ siècle, alors que d'autres villes, comme Bruxelles ou

### Prévôté 36

Cet élégant bâtiment, situé à l'angle du Burg et de la Breydelstraat, était à l'origine le siège du puissant chapitre de Saint-Donatien, dont dépendait l'église homonyme démolie à la fin du XVIIIe siècle. Il fut érigé en 1665-1666 par l'architecte anversois Cornelis Verhouve, d'après les plans du chanoine Frederic Hillewerve. Sa longue façade, scandée par des colonnes à l'italienne, est typique du baroque flamand tout en affichant un classicisme qui relève encore de la Renaissance. Le portail situé à l'est cependant est bien baroque, par l'abondance de sa décoration et la présence de statues qui soulignent sa verticalité. Le deuxième portail vers le Markt, avec les six travées qui l'entourent, a été rajouté à l'édifice originel en 1907. Aujourd'hui, ce bâtiment n'a pas de fonction précise et est ouvert au public à l'occasion d'expositions.

### Rodesteen 37

Cette belle demeure, sise à l'angle du Genthof et de la Spiegelrei, remonte à la fin du XVIe siècle. L'encadrement de son portail est finement ciselé. L'immeuble porte une plaque commémorative du poète et romancier Georges Rodenbach (1855-1898).

### Tonlieu 38

Le "tonlieu" est le droit payé par les commerçants pour vendre leurs marchandises sur les places commerciales. Implanté sur le côté nord de la Jan-Van-Eyckplaats, l'immeuble du Tonlieu remonte à 1477. Cependant, il fut fortement reconstruit en 1878. La façade du bâtiment est ornée des armoiries de la famille de Luxembourg.

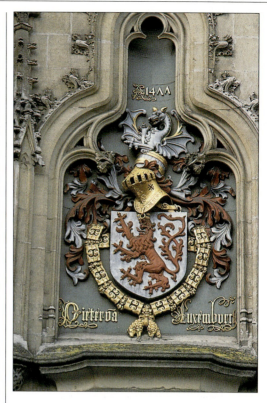

*Bruges, Meerstraat, dans le quartier du Burg.*

*Bruges, façade décorée place Van-Eyck.*

Actuellement, le Tonlieu détient la fonction de bibliothèque communale, dont un fonds de précieux documents (manuscrits, incunables et miniatures) provenant de l'ancienne abbaye des Dunes à Coxyde en constitue le joyau.

Bruges, la Kruispoort

## III. ARCHITECTURE MILITAIRE

### Fortifications

Au cours de son histoire, Bruges a été entourée de deux enceintes fortifiées. La première fut construite au XIIe siècle, sans doute pour protéger la ville lors des troubles qui suivirent le meurtre du comte Charles le Bon (1119-1127). Il ne reste rien de ces fortifications romanes, à l'exception du tracé des canaux du centre ville qui devaient les longer et d'une plaque dans la Blinde-Ezelstraat (près du Burg), signalant l'emplacement d'une des portes de la ville.

A la fin du XIIIe siècle, devant la formidable accroissement de la population, on engagea la construction d'une nouvelle enceinte qui fut achevée pendant la première moitié du XIVe siècle. Elle avait une longueur de sept kilomètres, était pourvue de sept grandes portes et englobait une superficie d'environ 430 hectares. Vers la fin du siècle, on dédoubla son fossé. Modifiée constamment au fil des siècles, elle fut en grande partie démolie sur ordre de Joseph II, à partir de 1782.

Aujourd'hui des sept portes monumentales, il en subsiste quatre, profondément remaniées. La porte Sainte-Croix (Kruispoort) **39**, à l'est de la ville, érigée à la fin du XIIIe siècle et reconstruite au début du XVe siècle, a

été partiellement mutilée par la suite. Restaurée en 1969-1972, elle conserve ses deux puissantes tours rondes reliées par un mur crénelé dans lequel s'ouvre le passage, et son élégante façade vers la ville (XVe siècle), pourvue de deux tourelles d'escalier octogonales.

La porte de Gand (Gentpoort) **40**, au sud-est, reconstruite elle aussi au début du XVe siècle, présente deux robustes tours reliées par un mur où s'ouvre une ample porte en arc brisé. La statue de saint Adrien, tournée vers la ville, était invoquée contre la peste. Il s'agit d'une copie (1956) d'un original du XVe siècle.

La porte Maréchale (Smedenpoort) **41**, au sud-ouest, bâtie en 1299, a été reconstruite en 1368 et 1615. Elle est la seule porte pourvue de deux passages. Le crâne en bronze au-dessus de la porte, côté ville, a remplacé en 1911 celui d'un homme d'Eeklo, décapité pour avoir tenté d'ouvrir le passage aux troupes de Louis XIV, en 1688. La porte aux Baudets (Ezelpoort) **42**, au nord-ouest, datant du XIVe siècle et remaniée au XVe et au début du XVIIIe siècle, a été récemment restaurée. Elle ne garde que quelques portions de la construction médiévale. Un dernier vestige de cette enceinte est la tour qui défendit à partir de 1398 l'entrée du Minnewater, un bassin commercial pour les bateaux assurant la liaison Bruges-Gand. Aujourd'hui, elle fait partie d'un

de ces tableaux paisibles et pittoresques dont Bruges a le secret.

## IV. LES MUSÉES

### Musée archéologique **28**

Lors de la création en 1977 d'un service archéologique au sein des musées de la ville, des pièces provenant du musée Gruuthuse et des fouilles effectuées à Bruges et dans les alentours furent réunies dans les locaux du service, sur la Mariastraat. Les vestiges les plus représentatifs de l'histoire de Bruges et de sa région, depuis la préhistoire jusqu'aux Temps Modernes, sont exposés dans des salles accessibles au public.

● *Musée archéologique*
*36A, Mariastraat*
*Tél. : 050/44.87.11.*

*Ouverture : sur demande.*

### Musée Brangwyn **43**

Ce musée est installé dans la maison Arents, qui porte le nom de son dernier propriétaire (description du bâtiment, page 48). Brangwyn fut un architecte-décorateur anglais du XIXe siècle qui offrit à Bruges sa collection d'œuvres d'art. Le musée expose une série de vues de Bruges qu'il est intéressant de se remémorer lors de la visite de la ville, pour mesurer l'évolution architecturale des lieux. Le fonds Hersens est riche de porcelaines de qualité, de faïences et d'autres pièces

Yoshijiro Urushibara, *le Béguinage à Bruges* (d'après une aquarelle de Frank Brangwyn de 1912). (Bruges, musée Brangwyn)

d'étain et d'argenteries. De Frank Brangwyn (1857-1956), on découvrira plusieurs peintures et dessins. Dans le parc sont agencés les *Cavaliers de l'Apocalypse* (1987), de Rik Poot.

• *Musée Brangwyn*
*16, Dijver*
*Tél. : 050/44.87.11 et*
*44.87.63.*

*Ouverture : du 1er avril au 30 septembre, de 9 h 30 à 12 h et de 12 h 45 à 17 h ; le reste de l'année, de 9 h 30 à 12 h 30 et de 14 h à 17 h, sauf le mardi.*

### Musée de la Brasserie et du Maltage 44

Installé dans une ancienne malterie de 1902, ce musée réjouira ceux qui voient en Bruges, et à juste titre, un haut lieu du patrimoine brassicole. Le musée illustre, grâce aux anciens appareils du XIXe siècle conservés in situ et à une bonne documentation, les différentes étapes de la transformation de l'orge en malte. D'autres aspects de l'activité brassicole, comme la tonnellerie ou la distribution et la consommation sont également évoqués. Un café populaire reconstitué suggère l'ambiance des estaminets du début du siècle. La malterie fait partie du complexe de la brasserie "De Gouden Boom", qui produit depuis des siècles plusieurs bières traditionnelles brugeoises.

• *Musée de la Brasserie et*
*de la Malterie*
*10, Verbrand Nieuwland*
*Tél. : 050/33.96.16.*

*Ouverture : du 1er juin au 30 septembre, du jeudi au dimanche, de 14 h à 17 h.*

Hugo van der Goes (attribué à), partie gauche du *tryptique d'Hyppolyte représentant les donateurs* (vers 1475). (Bruges, Musée de la cathédrale)

*Entrée de la brasserie de Gouden Boom : 47, Langestraat. Visite sur demande au 050/33.96.16.*

### Musée de la cathédrale 45

Le musée de la cathédrale est aujourd'hui en rénovation. Les plus belles pièces sont conservées au musée Groeninge (page 55). En temps normal, il abrite précieusement une œuvre exceptionnelle : le triptyque représentant le *Martyr de saint Hippolyte* écartelé par quatre chevaux. Les panneaux du centre et de la droite, de Thierry Bouts. Ils représentent le saint interrogé par l'empereur et la scène du martyr. Celui de gauche est dû au talent de Hugo van der Goes. Il figure le donateur et sa femme. Thierry Bouts (1415-1475) fut dès 1468 le peintre officiel de Louvain. Son style se caractérise notamment par des figures allongées (gothiques !) d'une grande impassibilité. Son œuvre frappe par la clarté des carnations et la translucidité des matières. Hugo van der Goes (1440-1482) fut l'un des peintres les plus célèbres de Gand. Il marque la peinture flamande par son développement du clair-obscur.

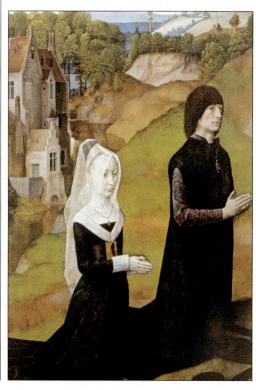

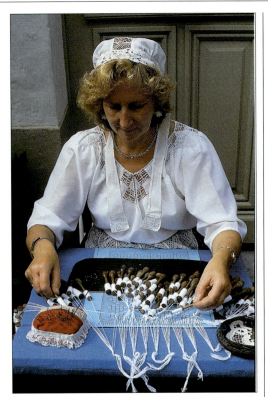

Bruges, au cours de la Fête des dentellières.

Le musée expose encore un monumental calvaire, dit *Calvaire du Maître des scènes brugeoises de la Passion*, peint vers 1515. L'œuvre figure l'arrivée au Golgotha, la mort sur la Croix et la déposition. On y observe l'influence des gravures de Dürer, notamment la tête d'homme avec un turban et celle du cheval. L'influence de Memling se fait sentir dans la composition de *Saints Jean et Joseph d'Arimathie* à gauche de la Vierge, qui sont inspirés de la *Passion* du grand maître brugeois.

D'autres pièces sont à remarquer : des œuvres d'André Isenbrant, de Blondeel et, peint sur fond d'or, une Mater dolorosa de qualité dont le style rappelle celui de Quentin Metsys. Le polyptyque de Pierre Pourbus, dont le panneau central figurant *la Cène* date de 1559. Pierre Pourbus introduisit à Bruges vers 1551-1552 un style maniériste italianisant d'une certaine sévérité, à l'image de la bourgeoisie de Bruges de la seconde moitié du XVIe siècle.

• *Musée de la cathédrale*
*Zuidzandstraat*
*Tél. : 050/44.87.11.*

*Ouverture : du 1er avril au 30 septembre, de 14 h à 17 h. En juillet et août également de 10 h à 11 h 30 et le dimanche de 15 h à 17 h. Le reste de l'année, de 14 h à 17 h, fermé les mercredis, dimanches et jours fériés.*

## Centre de la dentelle 46

La dentelle aux fuseaux de Bruges jouit d'une renommée mondiale et la ville se devait de la célébrer. Le centre permet au visiteur de voir œuvrer des dentellières dans les ateliers de l'institution et d'admirer les collections dans la section muséale proprement dite. Il est installé dans une ancienne maison-Dieu du XVe siècle, aujourd'hui restaurée.

• *Centre de la dentelle*
*3, Peperstraat*
*Tél. : 050/33.00.72.*

*Ouverture : tous les jours, sauf dimanche, de 10 h à 12 h et de 14 h à 18 h (jusqu'à 17 h le samedi). Démonstration tous les après-midis.*

## Musée du folklore 47

Le musée occupe une ancienne maison-Dieu du XVIIe siècle ayant appartenu aux cordonniers. Les collections qu'il abrite retracent la vie quotidienne des temps passés. La présentation est organisée par thèmes : des métiers aujourd'hui disparus, tels que la chaudronnerie ou la chapellerie, sont évoqués. Les tâches journalières sont illustrées grâce à des reconstitutions d'intérieurs (épicerie, auberge...). Le musée conserve également diverses collections d'objets (pipes, tabatières, moules à gaufres...) qui nous informent sur un passé populaire bien différent de notre monde actuel et pourtant encore proche.

• *Musée du folklore*
*40, Rolweg*
*Tél. : 050/44.87.11 et 44.87.64.*

Jean de Froissart, détail d'une miniature de *l'Episode de la bataille des Eperons d'or*, extrait des *Chroniques* (fin XVe siècle). (Bruxelles, Bibliothèque royale Albert-Ier)

Ouverture : du 1er avril au 30 septembre, tous les jours, de 9 h 30 à 17 h ; le reste de l'année, de 9 h 30 à 12 h 30 et de 14 h à 17 h, sauf mardis.

### Musée de la guilde des Arbalétriers de Saint-Georges 48

L'origine de la guilde remonte à l'aube du XIVᵉ siècle. Les guildes jouèrent un rôle essentiel dans l'histoire médiévale de Bruges. Le musée expose divers documents qui retracent les multiples activités de la société au cours des âges (archives, portraits, arbalètes anciennes, livres d'or...). Le terrain de tir est encore en activité.

• Musée de la guilde des Arbalétriers de Saint-Georges
159, Stijnsteuvelsstraat
Tél. : 050/ 33.54.08.

Ouverture : du 1er avril au 30 septembre, sauf mercredis, samedis et dimanches, de 14 h à 18 h ; le reste de l'année sur demande.

### Musée de la guilde des Archers de Saint-Sébastien 49

La guilde des Archers de Saint-Sébastien (qui combattirent lors de la célèbre bataille des Éperons d'or) expose dans son musée une riche docu-

Jan Provoost, *l'Avare et la Mort* (vers 1515).
(Bruges, musée Groeninge)

mentation historique, dont les pièces les plus anciennes remontent à l'aube du XVᵉ siècle. Parmi les œuvres les plus remarquables, on mentionnera des œuvres de Antoon Garemijn et de De Visch, points d'orgue de la galerie de portraits. Le bâtiment abritant le musée est orné d'une élégante tourelle datant de 1570.

• Musée de la guilde des Archers de Saint-Sébastien
174, Camersstraat
Tél. : 050/33.16.26.

Maître de la Légende de Sainte-Lucie (attribué à), fragment du panneau de *Saint-Nicolas* (Bruges vers 1500).
(Bruges, musée Groeninge)

Ouverture : lundis, mercredis, vendredis et samedis, de 10 h à 12 h et de 14 h à 17 h.

### Musée Groeninge 50

Attirés par la richesse de Bruges, les artistes venant d'autres villes s'y installèrent et bénéficièrent de commandes nombreuses. La différence entre l'art et l'artisanat n'était alors pas si tranchée et les peintres "ymagiers" œuvraient sur des supports variés : murs, tissus, armoiries, miniatures... Au début du XVᵉ siècle, les frères Hubert et Jean Van Eyck, venus du Limbourg, affranchirent leur art des servitudes qui l'astreignait au cadre du livre ou d'une décoration murale. S'ils ne furent pas les inventeurs de la technique de la peinture à l'huile comme l'affirme la tradition, ils la mirent au point et la poussèrent à un degré de raffinement technique exceptionnel. Le développement d'une peinture de chevalet au cours du XVᵉ siècle a sans doute été le fruit de l'apport de ces deux artistes de génie, mais aussi le résultat de l'émergence d'une conscience individuelle plus aiguë, d'une piété personnelle nouvelle et de conditions de commande et d'exportation tout à fait exceptionnelles.

À côté des ducs de Bourgogne, de la noblesse, du clergé ou de la bourgeoisie locale les marchands italiens, allemands, anglais, espagnols ou portugais reconnurent d'emblée le talent des frères Van Eyck, puis des peintres qui leur emboîtèrent le pas, tant à Bruges que dans les autres villes flamandes et jouèrent un rôle essentiel dans le développement de cet art. Les débouchés internationaux permirent la création d'ateliers nombreux et bien organisés, à l'instar de ceux qui pro-

Adriaan Isenbrant, *Paul de Nigro* (1516).
(Bruges, musée Groeninge)

duisaient des retables en bois polychromé et doré. Bien qu'elle relevât de ce que nous considérons aujourd'hui comme le grand art et que la part de la création personnelle des grands maîtres y ait joué un rôle fort important, cette production restait soumise à une réglementation artisanale très stricte, prescrite par les guildes : les œuvres faisaient, avant leur exécution, l'objet de contrats définissant précisément les matériaux employés, le nombre de figures ainsi qu'une foule de détails, allant jusqu'à la couleur du manteau de la Vierge ! Cet aspect contraignant ne semble pas avoir nui à l'innovation et l'invention dont on peut suivre l'évolution à travers les collections du musée, de Van Eyck à Memling en passant par Petrus Christus, Rogier Van der Weyden, Gérard David, le Maître de la légende de Sainte-Ursule et Jérôme Boch.

Confondant Renaissance et réalisme, on a parfois comparé les peintres flamands aux Italiens qui œuvraient à la même époque à Florence. Si la fécondité artistique justifie partiellement ce rapprochement, il est clair que le principe de la perspective qui fondait le mode de compréhension et de repré-

sentation du monde de la Renaissance comme une conquête du visible par l'homme, n'a pas été compris et partagé par les Flamands. A cette conception qui mettait l'homme au centre du monde, Van Eyck préféra l'atmosphère d'un espace lumineux englobant, à caractère liturgique. Chez lui, l'image naît simultanément comme détail et comme totalité, sans médiation proportionnelle. Avec une maîtrise technique étourdissante, il passe des détails aux vues d'ensemble : sa facture parfaite suggère, dans l'union immobile de l'infiniment petit et de l'infiniment grand, la pure présence des êtres et des choses qu'il fait surgir à travers l'espace lumineux, comme une révélation de l'infini dans le fini. La *Vierge au chanoine Van der Paele* (1436) qu'on peut admirer ici illustre bien cette conception de l'art de Van Eyck, dont ses successeurs hériteront et qu'ils tenteront chacun d'infléchir à leur manière. Rogier Van der Weyden, représenté ici par un *Saint Luc faisant le portrait de la Vierge*, reprend ces prémices mais réussit à introduire davantage de mouvement en s'appuyant sur un modelé plus sculptural des figures, en relation plus tendue les unes avec les autres et sug-

Hans Memling, détail du *tryptique Moreel* (1484).
(Bruges, musée Groeninge)

gère ainsi davantage d'intériorité subjective.

Petrus Christus, dont nous voyons une *Nativité* et une *Annonciation,* s'efforce lui aussi de tempérer l'immobilité eyckienne par l'articulation spatiale, l'introduction de diagonale et de figures de trois-quarts, souvent penchées en avant ; mais la géométrisation qu'il introduit pour animer les personnages lui fait perdre la richesse du détail eyckien, qui se durcit. Hugo Van der Goes malmène lui aussi la conception de l'espace lumineux liturgique de Van Eyck, sans oser le quitter franchement. Il recherche une intensité dramatique nouvelle par des expressions plus appuyées et surtout par des contrastes d'ombre et de lumière. La *Mort de la Vierge* que nous voyons ici illustre bien cette nouvelle orientation. Hans Memling, représenté ici par le triptyque Moreel, (voir commentaire du musée Memling, page 60) sera le plus habile continuateur de la tradition eyckienne, qu'il réinterprète cependant en y introduisant un climat idéal et lyrique bien particulier. L'apparition d'un espace homogène, qui intègre les corps dans leur milieu spatial, où l'air ne semble pas raréfié mais circule plus librement entre les personnages, n'apparaîtra qu'avec Gérard David dans son magnifique *Baptême du Christ* (1502). La *Justice de Cambyse* (1498) trahissait encore une hésitation à sortir de la tradition du XVᵉ, dont les Maîtres de la légende de Sainte-Lucie ou Maîtres de la légende de Sainte-Ursule montrent l'essoufflement dans un art plus anecdotique.

Jérôme Boch annonce la tourmente du XVIᵉ siècle, époque plus inquiète où le maniérisme, l'italianisme et l'anecdote domineront l'inspiration chez Jean Provoost, Lancelot Blondel, Joos Van Cleve, Ambroise Benson, Pierre Breughel le Jeune, les Pourbus ou les Claeissins. Bruges perd assurément la primauté artistique qu'elle avait, au profit d'Anvers. Sa position secondaire se confirme au XVIIᵉ avec Jacob Van Oost, émule de l'école de Rubens, et s'aggrave singulièrement au XVIIIᵉ siècle avec Jan A. Garemijn. Les collections du XIXᵉ siècle reflètent l'art belge et Bruges y trouve une faveur particulière chez Fernand Khnopff ou William Degouve de Nuncques ; celles qui concernent le XXᵉ siècle sont également riches et intéressantes.

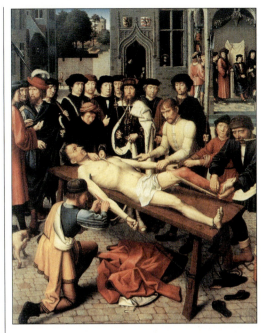

Gerard David, *l'Ecorchement*, volet droit du *Jugement de Cambyse* (1498). (Bruges, musée Groeninge)

● *Musée Groeninge*
*12, Dijver*
*Tél. : 050/44.87.11 et*
*44.87.50..*

*Ouverture : du 1ᵉʳ avril au 30 septembre tous les jours de 9 h 30 à 17 h ; le reste de l'année de 9 h 30 à 12 h 30 et de 14 h à 17 h sauf mardis.*

Quelques exemples de céramiques des guildes (XVIIIᵉ siècle) : les deux pièces du haut ; en bas, coupe de fruits, faïence signée Pulinx (1751-1763, Bruges, musée Gruuthuse)

Bruges, fontaine dans les jardins du musée Gruuthuse.

### Musée Gruuthuse

Installé dans l'hôtel Gruuthuse (1465), le musée abrite les collections d'art appliqués du XIVe au XVIIIe siècle. Il nous donne aussi l'occasion de visiter une vaste demeure seigneuriale, dont la restauration au XIXe siècle a certes été un peu trop radicale dans le détail, mais dont nous pouvons apprécier les espaces et agencements. L'enchaînement des grandes pièces, les dénivelés et passages qu'elles offrent par l'intermédiaire de petites pièces, les escaliers tournants qui les desservent, le passage qui surplombe le hall d'entrée, et surtout la chapelle privée qui ouvre sur le chœur de l'église Notre-Dame voisine, tout cela suggère assez bien un genre de vie patricien dont nous trouvons l'écho dans la peinture du XVe siècle, à travers les annonciations, Vierges à l'enfant, Cène ou épisodes suggérés en arrière-plan, et bien sûr dans les portraits.

Dans la première salle, outre les meubles, sculptures, céramiques, verreries ou orfèvreries des XVIe, XVIIe et XVIIIe siècles, on remarquera particulièrement le beau buste de Charles Quint (1520) attribué à Conrad Meit. La salle 2 montre des objets ayant trait aux rudimentaires pratiques médicales ; on y découvrira notamment une vue de la salle de l'hôpital Saint-Jean occupée par les malades. La cuisine — de belles proportions —

nous permet d'imaginer ensuite ce qu'étaient ces vastes espaces où se pressait une domesticité nombreuse et dont des peintres du XVIe siècle comme Pieter Aertsen nous ont laissé l'image. Belle collection d'ustensiles, pots, plats....

La salle 3 reconstitue une chambre gothique exactement comme on la voit chez les primitifs flamands, avec ses meubles, coffres et lit à baldaquin. La cheminée du XVe siècle est très délicatement sculptée. On poursuit dans les XVe et XVIe siècles avec les salles 5,6 et 7 où les sculptures, tapisseries, meubles et tableaux composent un décor du passé sans arriver toutefois à nous faire oublier que nous sommes dans un musée. Il est vrai que la présentation des collections d'arts appliqués pose des problèmes de sécurité, insolubles lorsqu'elle s'éloigne d'une présentation muséologique. Les salles des étages nous présentent dans des vitrines des médailles, des instruments scientifiques ou de mesure, des instruments de musique (salles 9, 10, 11). Les salles 12, 13 et 14 sont consacrées au mobilier du XVIIe siècle, alors que la salle 15 offre un très bel échantillonnage de grès ou céramiques notamment de Torhout, Bruxelles, Delft mais aussi quelques productions françaises ou asiatiques.

Après la salle 16 où nous trouvons quelques belles tapisseries brugeoises du XVIIIe siècle évoquant le thème des

arts libéraux, on découvrira le petit oratoire dont les fenêtres donnent sur l'église Notre-Dame. Il s'en dégage une ambiance d'un autre temps. On poursuivra aux étages par les salles consacrées aux textiles et notamment à la dentelle. La salle d'arme au rez, voisine de l'entrée, ne manquera pas de faire frémir ceux que ce genre d'objets intéresse, évocation d'un temps où l'art de vivre des uns n'allait pas sans quelques rigueurs à l'égard de ceux qui ne possédaient rien.

• *Musée Gruuthuse*
 *17, Dijver*
 *Tél. : 050/44.87.11 et*
 *44.87.62.*

*Ouverture : du 1er avril au 30 septembre tous les jours de 9 h 30 à 17 h ; le reste de l'année de 9 h 30 à 12 h 30 et de 14 h à 17 h, sauf mardis.*

### Musée Guido-Gezelle

Le musée Guido-Gezelle est installé dans une belle et ancienne demeure campagnarde : la maison natale du célèbre poète (1830-1899). A l'aide de divers documents, il retrace la vie de cet homme de lettres.

• *Musée Guido-Gezelle*
 *64, Rolweg*
 *Tél. : 050/44.87.11 et*
 *34.30.04.*

*Ouverture : du 1er avril au 30 septembre, tous les jours, de 9 h 30 à 12 h et de 12 h 45 à 17 h ; le reste de l'année, de 9 h 30 à 12 h 30 et de 14 h à 17 h, sauf mardis.*

### Musée Memling ⑮

Il est rare et précieux de voir des œuvres du XVe siècle dans le lieu pour lequel elles ont été conçues. Le musée Memling, installé dans l'église et l'ancienne infirmerie de l'hôpital Saint-Jean, nous en offre la possibilité, ajoutant aux qualités exceptionnelles d'un artiste le charme d'un cadre historique authentique. Venu d'Allemagne et installé à Bruges vers 1465, Hans Memling y travailla jusqu'à sa mort en 1494 et devint la personnalité artistique majeure de sa ville d'adoption. Son art, d'une grande quiétude, procède de celui de Van Eyck, mais il infléchit à sa manière la conception de l'espace ambiant, dans une direction bien particulière qui marquera l'évolution ultime et l'aboutissement de l'état d'équilibre trouvé par les grands maîtres du XVe siècle.

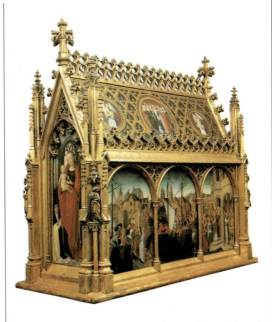

Hans Memling, *Châsse de Sainte-Ursule* (avant 1489). (Bruges, musée Memling)

Hans Memling, *Portrait de jeune femme* (1480). (Bruges, musée Memling)

Après lui survint la période des très nombreux petits maîtres et une crise caractéristique qui se traduisit par un art plus agité, anecdotique et maniériste. Passant de l'une à l'autre des six œuvres que l'on peut admirer dans le musée, on goûtera particulièrement la sérénité de cette peinture, avant d'essayer de formuler plus précisément les caractéristiques du style de Memling, qui nous imprègne de son ambiance contemplative. Dans ses œuvres s'installe une sorte de climat sentimental, rêveur et lyrique, unissant les êtres et les choses dans une "sainte conversation" où le spectateur est presque lui-même attiré. Le réalisme, si présent chez Van Eyck, s'estompe ici ; les figures immobiles sont idéalisées de la même manière, obéissant toutes au même canon de beauté. L'action, suspendue, perd toute actualité et semble intemporelle, la distance entre le geste et la conscience se creuse, et une ambiance recueillie et méditative se dégage de ses tableaux, en même temps qu'un climat de pureté.

Le *Retable de Saint-Jean-Baptiste et Saint-Jean-l'Evangéliste* dit aussi *Mariage mystique de sainte Catherine* est à cet égard caractéristique. Dans ce grand tableau, le peintre aurait pu faire correspondre les piliers et colonnes de l'arrière-plan avec la perspective esquissée dans le dallage du

Hans Memling, détail du *tryptique de Jan Floreins* (1479). (Bruges, musée Memling)

premier plan et mettre ainsi en place une représentation perspective, qui aurait clairement objectivé la scène représentée. Cherchant un tout autre effet, il a, au contraire, allongé les supports ; il les a déconnectés d'un schéma perspectif centralisateur, au profit d'une impression d'étalement latéral qui accentue l'horizontalité et crée des échappées sur les côtés. Il obtient ainsi un lien dans le plan horizontal et une sorte de continuité cir-

Augustinus van den Berghe, *Portrait enfant de Marie de Madrid* (1791). (Bruges, Musée de la Poterie)

culaire autour des personnages, procédés par lesquels le spectateur se sent attiré dans l'ambiance du tableau et inclus dans son silence recueilli. Une fois que l'on a clairement observé ces caractéristiques, on les retrouve sans peine dans la plupart des œuvres de Memling (notamment dans le triptyque Moreel représentant *Saint Christophe portant l'enfant*, que l'on peut voir au musée Groeninge).

La continuité qu'on observe dans le *Diptyque de Martin Niewenhove* (1487), également conservé ici, montrant d'un panneau à l'autre des parties d'un même pièce et d'un même paysage, obéit à un principe analogue : elle inclut semblablement le spectateur dans son univers, l'invitant à refermer l'espace par sa présence contemplative, comme s'il se trouvait dans la pièce. Le climat idéal de légende et la sérénité que suggère l'art de Memling ressortent aussi clairement dans la *Châsse de Sainte-Ursule*, évoquant dans un déroulement continu les étapes du voyage de la sainte et de ses compagnes à Rome et leur martyr lors de leur retour à Cologne. Si les représentations de Rome ou de Bâle y sont fantaisistes, celle de Cologne est fidèle et témoigne de la connaissance exacte que l'artiste, d'origine allemande, avait des lieux.

• Musée Memling
   Hôpital Saint-Jean
   38, Mariastraat

Pieter Pourbus, partie gauche d'un dyptique *les Membres de la Confrérie du Saint-Sang en compagnie des descendants des "barons" du sucre* (1566). (Bruges, musée du Saint-Sang)

Tél. : 050/44.87.11 et 44.87.70.

Ouverture : du 1er avril au 30 septembre, tous les jours, de 9 h 30 à 17 h ; le reste de l'année, de 9 h 30 à 12 h 30 et de 14 h à 17 h, sauf mercredis.

### Couvent des Frères, ancienne apothicairerie et chambre des Tuteurs ⑮

Intégré au musée Memling, le couvent des Frères abrite une très ancienne pharmacie, qui semble avoir échappé à l'emprise du temps. Le complexe du couvent se compose d'un bâtiment principal érigé au XIVe siècle, tandis que le cloître postérieur est une adjonction du XVIe siècle. En décembre 1643, il fut décidé d'installer une apothicairerie au sein du couvent. L'aménagement que l'on peut découvrir aujourd'hui correspond encore à celui des XVIIe et XVIIIe siècles. Le charme mystérieux qui s'en dégage rappelle celui des cabinets de curiosités. Mais ici, ce sont des herbes de toutes espèces qui furent emmagasinées. On y observera encore le comptoir et plusieurs armoires d'origine. Celle dite "aux herbes" (XVIIIe siècle) et celle, plus étonnante, dénommée "aux emplâtres", fermée par une porte en verre abritant des compositions rares (XVIIIe siècle). Figure également une armoire aux poisons et une armoire appelée "au simple" pour l'entreposage des substances de bases. Cette pharmacie fut de service jusqu'en 1971, date à laquelle elle reçut sa nouvelle fonction muséale. La chambre voisine des tuteurs révèle un remarquable mobilier baroque en chêne. Les portraits qui ornent les murs représentent les administrateurs de Saint-Jean et les tuteurs de Saint-Julien.

### Musée de la Poterrie ⑭

Ses riches collections offrent au visiteur le loisir de découvrir du mobilier et des tapisseries anciens. Parmi les plus belles pièces, mentionnons la présence de quelques belles toiles de Van Oost, Claeissins, Jansens et Pourbus. Le trésor de l'église recèle plusieurs pièces remarquables d'orfèvrerie, ainsi que des ivoires et livres d'heure.

● Musée de la Poterrie
79, Potterielei

Tél. : 050/44.87.11 et 44.87.77.

Ouverture : du 1er avril au 30 septembre, tous les jours, de 9 h 30 à 12 h et de 12 h 45 à 17 h ; le reste de l'année, de 9 h 30 à 12 h 30 et de 14 h à 17 h.

### Musée du Saint-Sang ❶

Une partie des œuvres appartenant au patrimoine de la basilique du Saint-Sang a été réunie dans un petit musée. Sa riche collection s'organise autour du chef-d'œuvre de l'orfèvrerie brugeoise qu'est la châsse du Saint-Sang. Ce superbe ouvrage de style Renaissance, en or et argent sertis de pierres précieuses, a été fabriqué par l'orfèvre Jean Crabbe en 1617 pour contenir la fameuse relique ramenée de Jérusalem, selon la tradition, par Thierry d'Alsace après sa deuxième croisade en 1149. Or, des études récentes ont démontré que la relique proviendrait plutôt de Constantinople, et n'aurait abouti à Bruges que vers 1250. Une autre petite châsse, don des archiducs Albert et Isabelle en 1611, est utilisée pour le culte hebdomadaire.

Le musée contient également de remarquables chasubles brodées des XVe et XVIe siècles et une tapisserie baroque de 1637, provenant de l'abbaye de Eekhout aujourd'hui disparue. Parmi les peintures, on compte entre autres une *Lamentation du Christ* par le Maître du Saint-Sang (XVIe siècle), et une *Scène de la légende de Sainte-Barbe* réalisée par le Maître de la légende de Sainte-Barbe vers 1490. On distinguera également les panneaux de Pierre Pourbus représentant les membres de la confrérie du Saint-Sang en 1556. Cette prestigieuse confrérie est responsable de la gestion de la basilique du Saint-Sang et de son musée. Elle existe depuis 1405 et rassemble trente et un notables de Bruges.

● Musée du Saint-Sang
10, Burg
Tél. : 050/33.67.92.

Ouverture : du 1er avril au 30 septembre, tous les jours, sauf mercredis après-midi, de 9 h 30 à 12 h et de 14 h à 18 h ; le reste de l'année, de 10 h à 12 h et de 14 h à 16 h, sauf mercredis après-midis.

# Promenades à Bruges et dans les environs

Promenades à Bruges (en bateau en suivant les canaux et en calèche dans la ville) et dans la région avoisinante (de Bruges à Damme et de Bruges à Zeebrugge en suivant le canal).

Damme : le canal.

## DEUX PROMENADES DANS BRUGES

Plusieurs promenades brugeoises vous sont proposées : en calèche et en bateau, complétées par des promenades pédestres qui partent du Markt ou du Burg. Le point de départ des circuits en calèche est le Burg. Les principaux embarcadères des promenades en bateau sont situés le long de la Reie au sud du Burg.

### Promenade sur les canaux

Les canaux et les tableaux romantiques qu'ils créent en effleurant les vieilles façades penchées sur l'eau, les quais et les ponts séculaires sont une composante essentielle du paysage brugeois. La promenade en bateau, que l'on peut effectuer avant la visite pédestre, permettra de capter l'atmosphère de la ville, tout en la découvrant sous des angles inattendus. Les bateaux peuvent être pris à l'un des cinq embarcadères du centre ville et le circuit, qui emprunte deux fois la totalité du parcours, dure environ trente minutes.

- Promenade en bateau
  Tél. : 050/ 33.00.41.
  Embarcadères ⚓ : voir sur le plan, pages 34-35.

En partant du pont Saint-Jean-Népomucène (embarcadère du Dijver) 🔢, on admirera la vue vers la tour de l'église

Bruges, l'église Notre-Dame en retrait de l'ancien hôpital Saint-Jean.

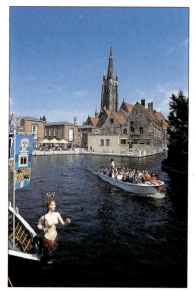

Bruges, le pont Saint-Boniface.

Notre-Dame et les berges du canal bordées par des hôtels du XVIII<sup>e</sup> siècle à gauche et par d'anciennes façades en brique à droite. L'orangerie de Halleux, à droite, est un bel exemple d'architecture de jardin du XVIII<sup>e</sup> siècle. On atteint rapidement le pont de Gruuthuse (embarcadère de Gruuthuse). En passant sous le pont, puis sous un long passage voûté, on longe le très romantique jardin Arents et, à droite, la belle façade à pignon gothique du palais Gruuthuse (XV<sup>e</sup> siècle). Au second plan, on aperçoit l'imposant chœur de l'église Notre-Dame.

Après le petit pont Saint-Boniface 🔢, on poursuit entre deux belles rangées de maisons directement sur l'eau. Un coude à droite conduit au pont Notre-Dame (embarcadère de la Katelijnestraat). Bien vite, à droite, se dévoile la façade sud de l'ancien hôpital Saint-Jean (musée Memling; XIII<sup>e</sup>-XVI<sup>e</sup> siècle). Après le pont de la Digue, voilà le pont du Béguinage avec, à droite, les bâtiments qui s'y rattachent. A gauche s'ouvre la Wijngaardplein et l'on atteint la digue séparant le canal du Minnewater, surmontée de la belle maison de l'Eclusier (XVI<sup>e</sup> siècle).

Ici, le bateau fait demi-tour et emprunte le canal dans le sens inverse. Arrivé à son point de départ, au Dijver, il poursuit le

Bruges, le Jardin Arents.

long du Rozenhoedkaai (embarcadère Rozenhoedkaai) **54**. Cette partie du canal, avec ses vieilles façades, compose l'un des tableaux les plus romantiques de Bruges. Après un double coude et un joli point de vue vers le beffroi, voilà la façade arrière de l'hôtel de ville à gauche et le Blinde-Ezelbrug (pont de l'Ane-Aveugle, embarcadère du Vismarkt). Après le pont, à gauche, la façade latérale gothique du palais du Franc. A côté, l'élégante façade rococo de l'hôtel De Caese-du-Franc et la Niobe de Constant Permeke. En face, la place du Vismarkt (marché aux poissons).

En longeant le Steenhouwersdijk, on passe sous le Meebrug (pont de l'Hydromel) **34**, un des plus anciens ponts de Bruges (XIVe siècle). A droite, le Groenerei, d'où part le Peerdenbrug (pont du Cheval). Le petit pavillon au bord de l'eau, à gauche, vous fera rêver. En face se trouve l'ancienne maison du Pélican (1634). Après avoir laissé à droite un autre canal et passé le pont métallique du Moulin, on longe deux rangées de façades à

Bruges, place du Burg.

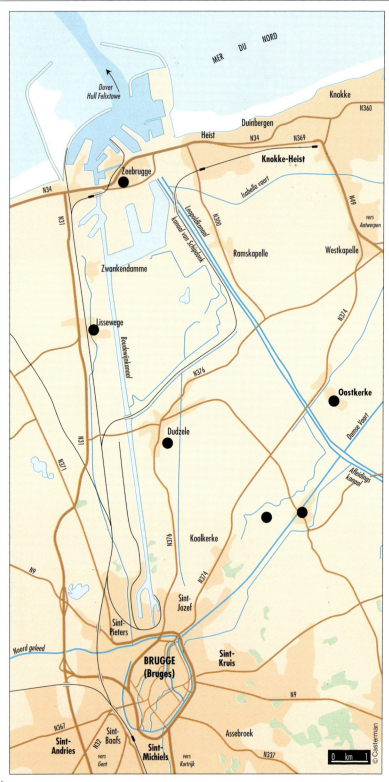

MER DU NORD

Dover
Hull Felixtowe

Knokke

N360

Duinbergen

Heist

N34  N369

**Knokke-Heist**

Zeebrugge

N34

Isabella vaart

N31

N9

Leopoldkanaal

kanaal van Schipdonk

N300

*vers Antwerpen*

Zwankendamme

Ramskapelle

Westkapelle

N374

Lissewege

Boudewijnkanaal

N376

**Oostkerke**

N31

Dudzele

Damse Vaart

N371

Afleidings kanaal

N376

Koolkerke

N374

Sint-Jozef

Sint-Pieters

Noord geleed

**BRUGGE
(Bruges)**

**Sint-Kruis**

N9

N367

Sint-Baafs

N32

**Sint-Andries**

**Sint-Michiels**

*vers Gent*

*vers Kortrijk*

Assebroek

N337

0   km   1

© Casterman

Bruges, Arsenaalstraat.

pignon pour atteindre le pont Sainte-Anne, dans l'axe duquel on peut voir l'église du même nom. Après le pont de la Paille, le bateau tourne à gauche. Derrière le pont du Roi, à droite, s'ouvre la Van Eyckplein avec les édifices de la loge des Bourgeois, du Tonlieu et d'autres façades anciennes. Ici, le bateau fait à nouveau demi-tour, pour revenir à son point de départ.

### Promenade en calèche

Avec le bateau, la calèche représente une manière différente de découvrir Bruges et de s'imprégner de son atmosphère. Sans

devoir s'occuper de la conduite, on peut se laisser aller à une lecture rapide de la ville, excellent préliminaire pour une découverte plus approfondie à pied. La promenade part du Burg ❚❚ (le mercredi matin au Markt) et mène au béguinage, avant de revenir à son point de départ. Elle dure environ trente minutes.

• Promenade en calèche
Départ : tous les jours de mars à novembre, de 10 h à 18 h sur le Burg et le mercredi au départ de la Grand-Place

Damme, le canal.

Bruges, Katelijnstraat.

Damme, statue de Charles le Téméraire sur la façade de l'hôtel de ville.

Au départ du Burg, la calèche se dirige vers le Markt, cœur historique de la ville dominé par la haute silhouette du beffroi. Elle emprunte ensuite la Wollestraat, qui aboutit au pont de Saint-Jean-Népomucène. Le long du Dijver, on pourra admirer la vue des anciennes façades en brique sur le canal ombragé d'arbres et du pont de Gruuthuse au second plan, le tout dominé par la tour majestueuse de l'église Notre-Dame. Le Groeninghe, que l'on emprunte à gauche, longe les bâtiments du musée Groeninge et de nombreuses maisons du XVIIᵉ siècle.

Débouchant dans la Nieuwe-Gentweg **55**, on apercevra à droite les maisons-Dieu De Meulenaere (1613) et Saint-Joseph (1634). Après un détour par la Walplein, bordée de maisons de dentellières, de maisons-Dieu et de la brasserie "Henri-Maes", la calèche s'engage dans la Wijngaardplein, quartier des marchands de dentelles et souvenirs. Une pause de cinq minutes permet de jeter un coup d'œil au béguinage où les petites maisons blanches et l'église, sous de grands arbres, forment avec le canal et le pont un décor au charme paisible.

On redémarre ensuite par la Katelijnestraat **56** puis la Mariastraat, bordée à gauche des imposantes façades à pignons de l'ancien hôpital Saint-Jean (musée Memling), et à droite de la façade de l'église Notre-Dame. Après être passé par la Simon-Stevinplein où, autour de la statue du savant brugeois (1548-1620) se tient le marché aux fleurs, on achève la boucle par la Steenstraat, artère principale de Bruges, riche en commerces et en façades des XVIᵉ, XVIIᵉ et XVIIIᵉ siècles. Du Markt, on revient en quelques instants au Burg.

## DEUX PROMENADES DANS LES ENVIRONS DE BRUGES

Depuis Bruges, deux voies navigables s'écoulent vers le nord : le canal Baudouin qui mène à Zeebrugge et l'ancienne Reie, conduisant à Sluis via Damme. Le premier itinéraire vous fera découvrir la charmante petite cité de Damme et l'ancienne tour-phare de Oostkerke, tandis que le second vous emmènera vers le littoral de Zeebrugge en parcourant les polders, desquels émergent les sombres tours massives de Lissewege et de Dudzele.

### De Bruges à Damme

Damme **57** doit son existence à l'ensablement progressif des voies d'eau qui reliaient Bruges au Zwin, débouché sur la

Damme, l'effigie de Till Uilenspiegel sur la petite place au pied de la tour de l'église Notre-Dame.

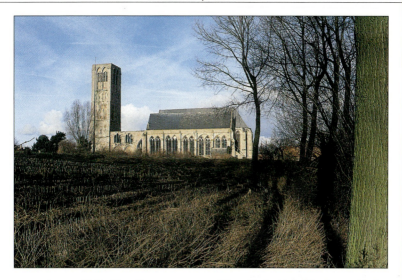

**Damme : l'église Notre-Dame.**

mer du grand centre médiéval. L'avant-port de Bruges fut fondé au XIIe siècle. Le nom de la ville de Damme tire son origine du substantif flamand "dam", signifiant digue. Le centre commercial connut son apogée durant deux siècles, entre la fin du XIIe et la fin du XIVe siècles. Poste de douane du Zwin, plusieurs marchands originaires des grandes nations de l'époque y possédaient leur entrepôt. Durant l'histoire, le bourg fut une plaque tournante du commerce du vin. En 1213, Philippe Auguste, roi de France, bombarda le port de Damme et bouta le feu à la ville mais, comme le Phénix, elle renaquit de ses cendres quelques temps après. Cependant, l'inexorable progression des bancs de sable et le recul des eaux qu'ils entraînèrent firent bientôt de Damme une ville terrestre, laissant à Sluis le rôle d'avant-port pour quelques temps.

Aujourd'hui, l'estuaire du Zwin **58** s'est transformé en pré salé. Son inestimable valeur écologique a heureusement été préservée (on recommandera la visite de la réserve naturelle du Zwin) et les grandes voiles marchandes ne sont plus qu'un souvenir.

La route qui conduit de Bruges à Damme traverse de remarquables paysages de polders, ponctués de fermes basses et découpés de canaux. En hiver, plusieurs espèces d'oies sauvages s'y reposent par milliers (la Société d'études ornithologiques Aves organise en hiver des excursions à la découverte de cette avifaune exceptionnelle – Tél. : 041/22.20.25).

Les fortifications situées avant le bourg furent érigées en 1613 par les archiducs Albert et Isabelle afin d'assurer la défense de la ville contre la menace calviniste : il n'en reste que quelques vestiges. Parmi les ruelles pavées qui ne manquent pas de charme, quelques monuments s'imposent à la visite. L'hôtel de ville fut bâti en 1464. Sa façade, décorée de statues des comtes de Flandres, offre un bel exemple d'architecture flamande. La jonction entre les différents plans du bâtiment n'est jamais "intériorisée", mais donne au contraire lieu à un traitement en saillie que manifestent les tourelles, les sculptures, la balustrade ou les gradins, très marqués par les pignons. L'intérieur de l'hôtel de ville présente d'étonnantes poutres historiées.

A côté de ce monument, le Grote-Sterre est une demeure du XVe siècle. L'église Notre-Dame domine la cité par sa tour massive du XIIIe siècle. Le chœur remonte au XVIe siècle et la nef, partiellement en ruines, est du XIIIe siècle. A l'intérieur, il faut mentionner les huit statues d'apôtres sur lesquelles la charpente en bois prend appui.

Trois musées attendent votre visite. Celui consacré à Till Uilenspiegel (actuellement fermé pour travaux), le héros de

Charles De Coster et le musée Maerlant (dans une demeure du XVIᵉ siècle), qui expose du matériel provenant de fouilles archéologiques menées dans la région, des objets retraçant le passé bourguignon, ainsi qu'une collection de peinture (voir O.T. Tél. : 050/35.33.19.). Quant au musée de l'hôpital Saint-Jean, dont la façade date de 1250, il renferme de belles pierres tombales, un *Christ* de Duquesnoy, quelques toiles et des ivoires (33, Kerkstraat. Tél. : 050/35.46.21. Ouverture : du 1ᵉʳ avril au 30 septembre, du lundi au vendredi de 14 h à 18 h ; dimanches et jours fériés de 11 h à 12 h et de 14 h à 18 h. Le reste de l'année, samedis et dimanches de 14 h à 17 h 30).

• Excursions Bruges-Damme-Bruges
  Réservations à l'O.T., tél. : 050/35.33.19.

A Oostkerke ❺❾, l'église Saint-Quentin de type halle (trois nefs de même hauteur) justifie la visite. Sa belle tour-phare, souvenir du passé maritime du village, fut reconstruite après avoir été dynamitée en 1944. La promenade sera prolongée par la découverte des moulins et du château.

### De Bruges à Zeebrugge

Zeebrugge, l'actuel port de Bruges, est relié à la ville par un canal de douze kilomètres : le canal Baudouin. A part quelques

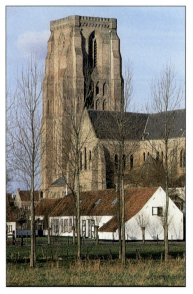

Lissewege : l'ancienne abbaye Ter-Doest.

zones de polders – fréquentées parfois par les ornithologues – le paysage qu'il traverse, plat et industriel, ne présente pas grand intérêt. Il subsiste cependant des endroits qui ont gardé un caractère rural et pittoresque, comme Dudzele et Lissewege et qui, de surcroît, possèdent un patrimoine architectural qui mérite un détour.

En sortant de Bruges par la N 376, au nord de la ville, on atteindra Dudzele ❻⓪ après huit kilomètres. Le centre du village est un site classé. Les ruines de la tour romane (XIIᵉ siècle), dans le cimetière, sont un vestige de l'ancienne église Sint-Pietersbandenkerk (Saint-Pierre-aux-Liens). Des anciennes maisons en brique bien entretenues et la vieille cure complètent ce charmant tableau. Le village possède également un musée du folklore De Groene-Tente (Tél. : 056/59.94.51. Ouverture : du 1ᵉʳ juin au 30 septembre, le premier samedi du mois de 14 h à 18 h ; sur rendez-vous pour les groupes). Une visite à la cave à vin gallo-romaine permettra de suivre la fabrication de l'hydromel. (1, Westkapelsesteenweg - Tél. : 056/59.95.99).

Après avoir traversé le canal, on empruntera immédiatement à droite la petite route conduisant à Lissewege ❻❶. On atteindra rapidement le site de l'ancienne abbaye de Ter-Doest, situé dans un agréable cadre champêtre. L'abbaye cistercienne, fondée en 1174 par des moines provenant de l'abbaye des Dunes (Coxyde), fut détruite en 1571 par les gueux. Il en subsiste néanmoins une extraordinaire grange gothique en brique aux dimensions monumentales (60 m sur 25 pour 20 m de haut) qui remonte à la fin du XIIIᵉ siècle. Cet édifice, pourvu d'une remarquable charpente en chêne, est un des rares exemples de ce type d'architecture préservé depuis le Moyen Age. La ferme abbatiale aujourd'hui occupée par un restaurant, un porche monumental et, à proximité, une petite chapelle octogonale baroque (1687) complètent ce site hors du commun (visites du 1ᵉʳ avril au 30 septembre, tous les jours, de 8 h à 19 h).

A Lissewege, on appréciera le charme du tableau que forment les maisons blanches, le petit canal et le cimetière,

Zeebrugge : soleil couchant sur le port.

le folklore à Lisseweghe. (5, Oude Pastoriestraat. Ouverture : du 1er juin au 30 septembre, les dimanches, de 14 h 30 à 17 h 30 ; en juillet et en août, les mardis, jeudis, samedis et dimanches, de 14 h 30 à 17 h 30) ; le Spaniëplein, installé dans les beaux locaux d'une ancienne brasserie, retrace la longue histoire de Lissewege, de l'abbaye Ter-Doest et du personnage légendaire qu'était le moine-chevalier Willem van Saeftighe (ouverture : du 1er juin au 30 septembre, de 14 h 30 à 18 h).

Avec Zeebrugge ❼, terme du parcours, nous changeons radicalement de décor. Implanté en 1907, Zeebrugge est devenu le premier port de pêche en Belgique, ainsi qu'un port industriel et d'escale parmi les plus grands d'Europe. En parallèle, la ville a développé une vocation de station balnéaire, avec une infrastructure hôtelière adaptée. L'attraction touristique la plus connue de Zeebrugge est sans doute le "Mur", longue jetée de plusieurs kilomètres qui permet sans crainte de se promener à pied en haute mer... Il est également possible de visiter, en bateau ou en car et accompagné d'un guide, les énormes installations portuaires (en bateau : du 15 juin au 30 septembre – Euro-Line, 6, Sint-Salvatorstraat, 9000 Gent. Tél. : 09/233.84.69). Pour une visite guidée, une demande est à adresser, deux mois à l'avance, aux autorités portuaires (MBZ), 2, Louis-Coiseaukaai, 8000 Bruges. Tél. : 050/44.42.11.

dominés par la haute et puissante tour de l'église Notre-Dame, bâtie en style gothique primaire entre 1225 et 1275. La tour, qui peut être visitée, offre une très belle vue depuis son sommet (ouverture : du 1er avril au 30 septembre, tous les jours, de 9 h 30 à 17 h ; sur rendez-vous le reste de l'année). Les deux musées de Lissewege retiendront l'attention : le musée d'histoire régionale, aménagé dans le centre culturel De Oude Pastorie (1638), possède des objets et des documents sur l'agriculture et

Bruges : Jan-Van-
Eyckplein.

*Toutes les adresses utiles
(hôtels, golfs, centres
équestres...) et les lieux d'information pour orienter votre
découverte de Bruges et de sa
région.*

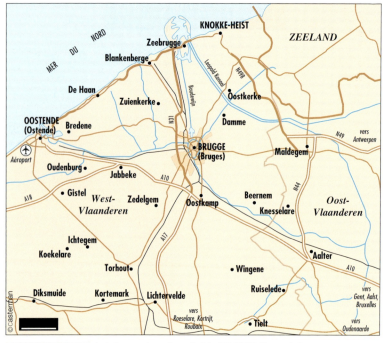

## LES ACCÈS DE BRUGES

### En voiture
De multiples voies d'accès rapide permettent de se rendre à Bruges depuis les grandes métropoles voisines :
• depuis Paris et Lille : autoroute A14 ;
• depuis Bruxelles : autoroute A 10 ;
• depuis Amsterdam et Anvers : autoroute A 14 ;
• depuis la côte belge : autoroute A 10.

### Principales cartes routières
Michelin : 2 - 212.

### En train
Située sur l'axe ferroviaire important Londres - Bruxelles - Cologne, Bruges est desservie par des trains directs en provenance des grandes villes belges (Anvers, Bruxelles, Courtrai, Gand, Hasselt, Liège, Louvain) et de plusieurs métropoles européennes.

Les chemins de fer belges proposent un éventail d'excursions à destination de Bruges au départ de toutes les gares du pays.
Gare de Bruges : 050/38.23.82.
Renseignements à Paris (46.07.56.70) et à Luxembourg (49.45.01).

### En avion
Bruxelles, aéroport d'attache de la compagnie aérienne nationale Sabena, est un carrefour aérien important. Des liaisons fréquentes (chaque demi-heure) relient l'aéroport aux gares de Bruxelles-Centrale et Bruxelles-Nord d'où partent les trains (plusieurs chaque heure) à destination de Bruges.

### En bateau
Des bacs (passagers/véhicules) et des jetfoils (passagers seulement) entretiennent des relations fréquentes entre la Grande-Bretagne et Zeebrugge ou Ostende.
• Via Zeebrugge
Ferries en direction ou en provenance de Felixstowe : P & O European Ferries, 7 Doverlaan, 8380 Zeebrugge.
Tél. : 050/54.22.22.
Ferries en direction ou en provenance de Hull : North Sea Ferries, Leopold II Dam 13, 8380 Zeebrugge.
Tél. : 050/54.34.30.
• Via Ostende
Ferries en direction ou en provenance de Ramsgate (six départs quotidiens).
Jetfoils en direction ou en provenance de Ramsgate (cinq départs quotidiens) :
Sally Ferries/RMT, Ostende Lines, 5 Natiënkaai, 8400 Ostende.
Tél. : 059/55.99.55.

Liaisons directes quotidiennes bus-overcraft Bruges-Calais-Londres :
Hoverspeed, 101 avenue Dansaert, 1000 Bruxelles.
Tél. : 02/513.93.40.

### Transports publics
La ville de Bruges est desservie notamment par un réseau de bus municipaux (25 stations) et régionaux. Informations au 078/11.36.68.

### Taxis
Stationnement : Markt (050/33.44.44), Gare (050/38.46.60).

Bruges sur Minitel : 3615 Belgique, code Bruges.

Prévisions météorologiques : 077/34.70.03.

### D'autres moyens de transport à Bruges

**Balades sur les canaux**
Pour une balade sur les canaux pittoresques, le départ a lieu depuis l'un des cinq embarcadères situés en centre ville.
Du 1er mars au 30 novembre : tous les jours, de 10 h à 18 h ; en décembre et février, les samedis, dimanches et jours de fête, de 10 h à 18 h ; fermé en janvier.

**Excursions en bateau**
Bruges-Damme-Bruges
D'avril à septembre : départs de Bruges à 10 h, 12 h, 16 h 20, 18 h ; départs de Damme à 9 h 15, 11 h, 13 h,

15 h et 17 h 20.
Info/réservations : office de tourisme de Damme (050/34.33.19).

## Visite du port de Zeebrugge

Du 15 juin au 30 septembre, tous les jours à 11 h et 14 h 30.
Info/réservations : Euroline, 88 Kerkstraat, 9255 Bruggenhout. Tél. : 052/33.67.62.

### Circuits en calèche

Les calèches partent du Burg (le mercredi matin au Markt). Départs tous les jours, de 10 h à 18 h (durée du trajet : 35 mn).

### Bruges en minibus

Tours de la ville avec commentaire en sept langues. Départ depuis la grand place, face au beffroi (durée du trajet : 50 mn).

### Bruges à bicyclette

Tours guidés dans la ville et à la périphérie. Départ depuis la grand-place (réservation au 050/34.37.09).

### Bruges à pied

Visite guidée quotidienne en juillet-août (rendez-vous à l'office de tourisme à 15 h).

## BRUGES (BRUGGE)

La commune de Bruges comprend les localités d'Assebroek, Bruges, Dudzele, Lissewege, Sint-Andries, Sint-Kruis, Sint-Michiels et Zeebrugge. L'entité comprend 116 871 habitants.

## Administration communale

Hôtel-de-Ville
12, Burg
8000 Bruges.
Tél. : 050/44.81.11.

## Gare

Tél. : 050/38.24.06-38.23.82.

## Office de tourisme

11, Burg
Tél. : 050/44.86.86.

## Bureau d'information (juillet-août)

Zeebrugge.
Tél. : 050/54.50.42.

### Principales manifestations

Procession du Saint-Sang (Ascension).
Concerts de carillon (du 1er juin au 30 septembre).
Illuminations (chaque soir, du 1er mai au 30 septembre).
Festival international de Flandre (première quinzaine d'août).
Salon international des Antiquaires (fin octobre-début novembre).

Marché (mercredis et samedis, de 7 h à 13 h).
Marché aux poissons (mardis et samedis, de 7 h à 13 h).
Marché aux puces (de mars à octobre, les samedis et dimanches après-midi).

### Evénements

Fête des Canaux (tous les trois ans, en août, de 21 h à minuit).
Fastes de l'Arbre d'or (tous les cinq ans, en août).

## AUTRES ADRESSES UTILES

Fédération touristique de la Flandre occidentale
Kasteel Tillegem
8000 Bruges.
Tél. : 050/38.02.96.
Commissariat général au Tourisme
61, rue Marché-aux-Herbes
1000 Bruxelles.
Tél. : 02/504.03.00.
Office belge du Tourisme
21, boulevard des Capucines
75002 Paris.
Tél. : 47.42.41.18.
Administration provinciale de la Flandre occidentale
11, Burg

---

### Manifestations exceptionnelles

Les **Fastes de l'Arbre d'or** sont un cortège historique, animé et haut en couleurs, mis en scène tous les cinq ans (1995). Il se déroule durant le mois d'août et tient son nom de la récompense symbolique (un arbre d'or) qui fut offerte au vainqueur du tournoi organisé lors du mariage de Charles le Téméraire avec Marguerite d'York, en 1468.

Durant le mois d'août, tous les trois ans, la Fête des Canaux est organisée sous la forme d'un magnifique spectacle nocturne composé de tableaux vivants évoquant le riche passé médiéval de la ville.

Le 3e dimanche de juillet se déroule à Zeebrugge la Journée des Marins.

La procession du Saint-Sang perpétue une ancienne tradition qui remonte au temps de la deuxième croisade, à l'époque où les Brugeois se réunissaient sur le Burg autour de la précieuse relique, lors des prestations de serment. Aujourd'hui, le cortège bigarré représente l'une des plus belles fêtes folklorique de Bruges (Ascension, à 15 h).

Chaque année, le 15 août à 9 h 30, se déroule le pèlerinage de Notre-Dame-des-Aveugles, en commémoration d'un vœu prononcé en 1304.

Comme beaucoup d'autres villes d'art et d'histoire, Bruges est mise en valeur par des jeux d'illuminations (du 1er mai au 30 septembre).

Le célèbre Festival des Flandres organise des concerts de haute qualité, centrés à Bruges, sur le thème de la musique ancienne (1ère quinzaine d'août).

Pendant la messe de la procession Onze-lieve-vrouw van Blindekens.

8000 Bruges.
Tél. : 050/33.06.41.
**Services situés à Bruges :**
Archives de l'Etat
14-16, Academiestraat
Tél. : 050/33.72.88.
Archives de la Ville
11 A, Burg
Tél. : 050/44.82.60.
Bibliothèque municipale Biekorf
3, Kuiperstraat
Tél. : 050/33.00.50.
Centre d'information de la Ville
5, Braamberstraat
Tél. : 050/33.33.33.
Centre d'information, d'art et de congrès
Oud-Saint-Jan
38, Mariastraat
Tél. : 050/33.56.66-34.13.35.
Collège d'Europe
11, Dijver
Tél. : 050/33.53.34.
Département culturel de la Ville
11, Burg
Tél. : 050/44.82.82.
Département des Monuments historiques
17, Oostmeers
Tél. : 050/44.85.11.
Direction des musées municipaux
12, Dijver
Tél. : 050/44.87.11.
Direction du port Brugge-Zeebrugge
2, Louis-Coiseaukaai
Tél. : 050/44.42.11.
Port de plaisance
Royal Belgian Sailing Club
2, Omokaai
Tél. : 050/54.41.97-54.49.03.
Réservations hôtelières
111, Anspachlaan
1000 Bruxelles.
Tél. : 02/513.74.84.
Bureau de poste
5, Markt
Tél. : 050/33.14.11.
Bureau de police
7, Hauwerstraat
Tél. : 050/44.88.44.
Gendarmerie
Prekikherenrei
Tél. : 050/44.72.11.

### HÔTELS

La liste des hôtels à Bruges comprend près de quatre-vingt établissements. Pour connaître les multiples possibilités et réserver un logement, on pourra contacter les organismes suivants :
• Office de tourisme de Bruges
Tél. : 050/44.86.86.
• Bureau de réservation touristique à Bruxelles
Tél. : 02/513.74.84.

### GOLFS ET CENTRES ÉQUESTRES

Damme-Golf-Club et Country-Club
16, Doornstraat
Sijsele-Damme.
Tél. : 050/35.35.72.

Manège Ruitershœve
55, Middelburgsesteenweg
Moekerke.
Tél. : 050/50.12.62.
Manège «De Blauwe Zaal»
2, Baluwe Zaalhœkstraat
Sint-Kruis.
Tél. : 050/36.10.08.

### INDEX

Imprimé en Belgique par Casterman à Tournai.
Dépôt légal : avril 1995; D.1995/0053/67.